中吉联合
U0679422

财富世界行 系

Money Witness

金钱目击者

澳大利亚财富世界之旅

Rich World Tour Of Australia

陈晓丹 / 编著

中国出版集团　现代出版社

图书在版编目(CIP)数据

金钱目击者 / 陈晓丹编著. —北京：现代出版社，2016.7(2021.8重印)
ISBN 978-7-5143-5202-3

Ⅰ.①金… Ⅱ.①陈… Ⅲ.①经济概况—澳大利亚
Ⅳ.①F161.1

中国版本图书馆CIP数据核字(2016)第160689号

编　　著	陈晓丹
责任编辑	王敬一
出版发行	现代出版社
通讯地址	北京市安定门外安华里504号
邮政编码	100011
电　　话	010-64267325 64245264(传真)
网　　址	www.1980xd.com
电子邮箱	xiandai@cnpitc.com.cn
印　　刷	北京兴星伟业印刷有限公司
开　　本	700mm×1000mm 1/16
印　　张	9.5
版　　次	2016年8月第1版　2021年8月第3次印刷
书　　号	ISBN 978-7-5143-5202-3
定　　价	29.80元

前言
QIANYAN

多年以来,我们就一直想策划关于G20的图书,经过艰苦努力,如今这个想法终于变成了现实。毋庸置疑,G20已经成为世界上最具影响力的经济论坛之一,而成员国则被视为世界经济界"脑力激荡"、"激发新思维"与财富的代名词。

我常常会在心里问自己:到底什么是财富?什么是经济?有的人可能会说,钱啊!这种说法从某种意义上来说有一定的道理。在这里我要说,只要是具有价值的东西都可以称之为财富,包括自然财富、物质财富、精神财富,等等。从经济学上来看,财富是指物品按价值计算的富裕程度,或对这些物品的控制和处理的状况。财富的概念为所有具有货币价值、交换价值或经济效用的财产或资源,包括货币、不动产、所有权。在许多国家,财富还包括对基础服务的享受,如医疗卫生以及对农作物和家畜的拥有权。财富相当于衡量一个人或团体的物质资产。

需要说明的是,世上没有绝对的公平,只有相对的强弱。有的人一出生就有豪车豪宅,而且是庞大家业的继承人;有的人一出生就只能是穷乡僻壤受寒冷受饥饿的孩子。自己的人生只有改变"权力、地位、财富"中的一项,才可以获得优势的生存机会。那么,财富又被赋予了新的内涵:要创造财富,增加财富,维持财富,保护财富,享受财富;要提高自己的生活质量。

二十国集团是一个国际经济合作论坛,它的宗旨是为推动发达国家和新兴市场国家之间就实质性问题进行讨论和研究,以寻求合作并促进国际金融稳定和经济持续发展。二十国集团由美国、英国、日本、法国、德国、加拿大、意大利、俄罗斯、澳大利亚、中国、巴西、阿根廷、墨西哥、韩国、印度尼西亚、印度、沙特阿拉伯、南非、土耳其共19个国家以及欧盟组成。这些国家的国民生产总值约占全世界的85%,人口则将近世界总人口的2/3。本选题立足二十国集团,希望读者通过阅读能够全面了解这20个经济体,同时,能够对财富有一个全面而清醒的认识。

即使在基本写作思路确定后,对本书的编写还是有些许的担忧,但是工作必须做下去,既然已经开始,我们绝不会半途而废。在编写过程中,书稿大致从以下几个方面入手:

1. 立足G20成员国的经济、财富,阐述该国的经济概况、经济地理、经济历史、财富现状、财富人物以及财富未来的发展战略等。

2. 本书稿为面对青少年的普及型读物,所以在编写过程中尽量注重知识性、趣味性,力求做到浅显易懂。

3. 本书插入了一些必要的图片,对本书的内容进行了恰到好处的补充,以更好地促进读者的阅读。

尽管我们付出了诸多的辛苦,然而由于时间紧迫和能力所限,书稿错讹之处在所难免,敬请各方面的专家学者和广大读者批评指正,我们将不胜感激!

编者

2012年11月

目录 CONTENTS

开 篇 二十国集团是怎么回事

二十国集团,由八国集团(美国、日本、德国、法国、英国、意大利、加拿大、俄罗斯)和11个重要新兴工业国家(中国、阿根廷、澳大利亚、巴西、印度、印度尼西亚、墨西哥、沙特阿拉伯、南非、韩国和土耳其)以及欧盟组成。

二十国集团简介

二十国集团,由八国集团(美国、日本、德国、法国、英国、意大利、加拿大、俄罗斯)和11个重要新兴工业国家(中国、阿根廷、澳大利亚、巴西、印度、印度尼西亚、墨西哥、沙特阿拉伯、南非、韩国和土耳其)以及欧盟组成。按照惯例,国际货币基金组织与世界银行列席该组织的会议。二十国集团的GDP总量约占世界的85%,人口约为40亿。中国经济网专门开设了"G20财经要闻精粹"专栏,每日报道G20各国财经要闻。

【走近二十国集团】

二十国集团,又称G20,它是一个国际经济合作论坛,于1999年12月16日在德国柏林成立,属于布雷顿森林体系框架内非正式对话的一种机制,由原八国集团以及其余12个重要经济体组成。

THE LONDON SUMMIT 2009
STABILITY | GROWTH | JOBS

二十国集团的历史

二十国集团的建立，最初是由美国等8个工业化国家的财政部长于1999年6月在德国科隆提出的，目的是防止类似亚洲金融风暴的重演，让有关国家就国际经济、货币政策举行非正式对话，以利于国际金融和货币体系的稳定。二十国集团会议当时只是由各国财长或各国中央银行行长参加，自2008年由美国引发的全球金融危机使得金融体系成为全球的焦点，开始举行二十国集团首脑会议，扩大各个国家的发言权，它取代了之前的二十国集团财长会议。

二十国集团的成员

二十国集团的成员包括：八国集团成员国美国、日本、德国、法国、英国、意大利、加拿大、俄罗斯，作为一个实体的欧盟和澳大利亚、中国以及具有广泛代表性的发展中国家南非、阿根廷、巴西、印度、印度尼西亚、墨西哥、沙特阿拉伯、韩国和土耳其。这些国家的国民生产总值约占全世界的85%，人口则将近世界总人口的2/3。二十国集团成员涵盖面广，代表性强，该集团的GDP占全球经济的90%，贸易额占全球的80%，因此，它已取代G8成为全球经济合作的主要论坛。

【走近二十国集团】

二十国集团是布雷顿森林体系框架内非正式对话的一种机制，旨在推动国际金融体制改革，为有关实质问题的讨论和协商奠定广泛基础，以寻求合作并促进世界经济的稳定和持续增长。

二十国集团的主要活动

二十国集团自成立至今,其主要活动为"财政部长及中央银行行长会议",每年举行一次。二十国集团没有常设的秘书处和工作人员。因此,由当年主席国设立临时秘书处来协调集团工作和组织会议。

会议主要讨论正式建立二十国集团会议机制以及如何避免经济危机的爆发等问题。与会代表不仅将就各国如何制止经济危机进行讨论,也将就国际社会如何在防止经济危机方面发挥作用等问题交换意见。

1999 年 12 月 15 日至 16 日,第一次会议暨成立大会,德国柏林;

2000 年 10 月 24 日至 25 日,第二次会议,加拿大蒙特利尔;

2001 年 11 月 16 日至 18 日,第三次会议,加拿大渥太华;

2002 年 11 月 22 日至 23 日,第四次会议,印度新德里;

2003 年 10 月 26 日至 27 日,第五次会议,墨西哥莫雷利亚市;

2004 年 11 月 20 日至 21 日,第六次会议,德国柏林;

2005 年 10 月 15 日至 16 日,第七次会议,中国北京;

2006 年 11 月 18 日至 19 日,第八次会议,澳大利亚墨尔本;

2007 年 11 月 17 日至 18 日,第九次会议,南非开普敦;

2008 年 11 月 8 日至 9 日,第十次会议,美国华盛顿;

2009 年 4 月 1 日至 2 日,第十一次会议,英国伦敦;

2009 年 9 月 24 日至 25 日,第十二次会议,美国匹兹堡;

2010 年 6 月 27 日至 28 日,第十三次会议,加拿大多伦多;

2010 年 11 月 11 日至 12 日,第十四次会议,韩国首尔;

2011 年 2 月 18 日至 19 日,第十五次会议,法国巴黎;

2011 年 11 月 3 日至 4 日,第十六次会议,法国戛纳;

2012 年 6 月 17 日至 19 日,第十七次会议,墨西哥洛斯卡沃斯。

二十国集团的相关报道

1.加拿大:防止债务危机恶化

作为峰会主席国,加拿大主张:各成员国应就未来 5 年将各自预算赤字至少减少 50% 达成一项协议,以防止主权债务危机进一步恶化;会议应发出明确信号,收紧刺激性支出,即当各国刺激计划到期后,将致力于重整财政,防止通货膨胀。

加拿大还认为,应建立有效的金融调节国际机制,进一步提高银行资本充足率,以防止出现新的金融机构倒闭。不应由纳税人承担拯救金融机构的责任;加强世界银行、国际货币基金组织和多边开发银行的作用,支持国际货币基金组织配额改革,反对开征银行税,认为设立紧急资金是更好的选择。

此外,加拿大还表示,各成员国应承诺反对贸易保护主义,促进国际贸易和投资进一步自由化,确保经济复苏;增加对非洲的发展援助。

2.美国:巩固经济复苏势头

美国是世界头号经济强国,也是本轮金融危机的发源地。根据美国官

方透露的信息,美国政府对此次峰会的主要立场包括:巩固经济复苏势头;整顿财政政策;加强金融监管,确立全球通用的金融监管框架。美国希望与各国探讨国际金融机构的治理改革等问题。

美国财政部官员说,中国日前宣布进一步增强人民币汇率弹性,其时机对二十国集团峰会"极有建设性"。欧洲宣布将公布对银行业进行压力测试的结果,这将有助于恢复市场信心。

【走近二十国集团】

二十国集团的宗旨是为推动巳工业化的发达国家和新兴市场国家之间就实质性问题进行开放及有建设性的讨论和研究,以寻求合作并促进国际金融稳定和经济的持续增长。

美方对这两项宣布感到鼓舞。

3.巴西:鼓励经济增长政策

根据从巴西外交部得到的消息,巴西将在二十国集团峰会上提出要求各国继续鼓励经济增长政策、加快金融市场调节机制建设的主张。

巴西认为,当年4月结束的世界银行改革"令人满意",但在今后几年中还应在各国投票权上实现进一步平等。此外,峰会应从政治层面强调国际货币基金组织改革。

巴西政府主张二十国集团应发挥更大作用,因为当今世界,二十国集团已显示出了高效讨论各种重要议题的论坛作用。同时,二十国集团也需从主要讨论金融危机拓展到其他问题,如发展、能源和石油政策等。

4.俄罗斯:主张二十国集团机制化

俄罗斯曾经在峰会上就二十国集团机制化、推动国际审计体系改革、建立国际环保基金等具体问题提出一系列倡议。

梅德韦杰夫曾经在会见巴西总统卢拉后说,现在需要努力将二十国集团打造成一个常设机构,以便对国际经济关系产生实际影响。

梅德韦杰夫还在接见美国知名风险投资公司负责人时表示，原有的国际审计体系已经被破坏，俄罗斯目前正在制定改革这一体系的相关建议。他说，二十国集团峰会应对关于审计改革的议题进行讨论。

在防范金融风险方面，俄罗斯可能提出两套方案：一是开征银行税并建立专门的援助基金；另一方案是在发生危机时，国家向银行提供资金支持，但危机过去后，银行不仅要返回资金，还要支付罚款。

5. 日本：期望发挥积极作用

日本外务省经济局局长铃木庸则在记者会上表示，在发生国际金融和经济危机、新兴国家崛起等国际秩序发生变化的形势下，二十国集团是发达国家和新兴国家商讨合作解决全球问题的场所，日本可以继续为解决全球问题发挥积极作用。

> **【走近二十国集团】**
> 铃木庸一说，从支撑世界经济回升、遏制贸易保护主义的观点出发，二十国集团首脑应表明努力实现多哈谈判早日达成协议的决心。

日本期望峰会能深入讨论如何应对全球性问题并达成一些协议，发达国家和新兴国家能够更多地开展合作，共同致力于解决经济、金融等方面的全球性课题。

6. 南非：希望从国际贸易中受益

对于二十国集团峰会，南非政府希望在峰会上重申，南非将与其他国家加强贸易进出口联系，以使其在国际贸易交往中受益。对此，南非方面呼吁重建世界贸易经济交往秩序和规则，予以发展中国家新兴经济体以更多的优惠与权利，与其他发展中国家携手重建世界贸易新秩序。

南非经济学家马丁·戴维斯认为，二十国集团峰会本是西方世界的产物，如今以中国、南非、巴西、印度等新兴经济体为代表的发展中国家需要联合起来，打破国际经济旧秩序，建立更加平衡、公平、长效、利于世界经济全面复兴的新国际经贸秩序。

7.欧盟：实施退出策略需加强协调

对于欧盟来说，在实施退出策略上加强国际协调和继续推进国际金融监管改革，将是其在峰会上的两大核心主张。

【走近二十国集团】

在推进国际金融监管改革方面，欧盟将力主就征收银行税达成协议。除此之外，欧盟还提出要在峰会上探讨征收全球金融交易税的可能性。

欧盟曾经掀起了一股财政紧缩浪潮，但在如何巩固财政和维护经济复苏之间求得平衡的问题上与美国产生分歧。在退出问题上美欧如何协调将是多伦多峰会的一大看点。

8.印度：征银行税不适合印度

印度政府官员表示，在峰会上，新兴经济国家与发达国家在如何促进世界经济复苏的问题上将产生不同意见。

各国应对金融危机的情况不同，经济增长形势不同，西方国家必

须认识到这一点。

印度官员指出,欧盟目前被一些成员国的财政赤字和债务危机所困,法德两国都希望收缩开支。但德国如果采取财政紧缩政策,它可能会陷入双重经济衰退,而且整个欧盟的经济也将随之收缩,这不利于世界经济复苏。

印度官员同时表示,美国政府最近提出要征收银行税和加强对银行的政策限制,西方很可能要求印度等国也采取类似措施,但这并不适合印度,因为印度的金融体系相当健康。

9.中国:谨慎决策防范风险

中国外交部副部长崔天凯曾经在媒体吹风会上说,多伦多峰会是二十国集团峰会机制化后的首次峰会,具有承前启后的重要意义。中方希望有关各方维护二十国集团信誉与效力,巩固该集团国际经济合作主要论坛的地位。

中方在此次峰会上强调,为推动全球经济稳定复苏,各国应保持宏观经济政策的连续性和稳定性;根据各自国情谨慎确定退出战略的时机和方式;在致力于经济增长的同时防范和应对通胀和财政风险;反对贸易和投资保护主义,促进国际贸易和投资健康发展。

中方还指出,为实现全球经济强劲、可持续增长,发达国家应采取有效措施解决自身存在的问题,以减少国际金融市场波动;发展中国家应通过改革和结构调整,以促进经济增长。

集团宗旨

二十国集团属于非正式论坛,旨在促进工业化国家和新兴市场国家

【走近二十国集团】

二十国集团还为处于不同发展阶段的主要国家提供了一个共商当前国际经济问题的平台。同时,二十国集团还致力于建立全球公认的标准,例如在透明的财政政策、反洗钱和反恐怖融资等领域率先建立统一标准。

就国际经济、货币政策和金融体系的重要问题开展富有建设性和开放性的对话,并通过对话,为有关实质问题的讨论和协商奠定广泛基础,以寻求合作并推动国际金融体制的改革,加强国际金融体系架构,促进经济的稳定和持续增长。

2011巴黎G20财长会议

全球瞩目的二十国集团财政部长和央行行长会议于当地时间2011年10月15日在法国巴黎闭幕,此次会议是在全球经济尤其是欧债危机深度演化的背景下召开的,吸引了各方关注。

会上,各成员国财政领袖支持欧洲方面所列出的对抗债务危机的新计划,并呼吁欧洲领导人在23日举行的欧盟峰会上对危机采取坚决行动。

此外,与会各方还通过了一项旨在减少系统性金融机构风险的大银行风险控制全面框架。

在本次财长会上,全球主要经济体对欧洲施压,要求该地区领导人在当月23日的欧盟峰会上"拿出一项全面计划,果断应对当前的挑战"。

呼吁欧元区"尽可能扩大欧洲金融稳定基金(EFSF)的影响,以便解决危机蔓延的问题"。

有海外媒体报道称,欧洲官员正在考虑的危机应对方案包括:将希腊债券减值多达50%,对银行业提供支持并继续让欧洲央行购买债券等。

决策者还保留了国际货币基金组织(IMF)提供更多援助,配合欧洲行动的可能性,但是对于是否需要向IMF提供更多资金则意见不一。

当天的会议还通过了一项旨在减少系统性金融机构风险的新规，包括加强监管、建立跨境合作机制、明确破产救助规程以及大银行需额外增加资本金等。

根据这项新规，具有系统性影响的银行将被要求额外增加1%至2.5%的资本金。

二十国集团成员同意采取协调一致措施，以应对短期经济复苏脆弱问题，并巩固经济强劲、可持续、平衡增长基础。所有成员都应进一步推进结构改革，提高潜在增长率并扩大就业。

金融峰会

二十国集团金融峰会于2008年11月15日召开，作为参与国家最多、在全球经济金融中作用最大的高峰对话之一，G20峰会对应对全球金融危机、重建国际金融新秩序作用重大，也因此成为世界的焦点。

金融峰会将达成怎么样的结果？对今后一段时间的全球经济有何推动？对各大经济体遭受的金融风险有怎样的监管和控制？种种问题，都有待回答。

第一，拯救美国经济，防止美国滥发美元

目前美国实体经济已经开始衰退，为了刺激总需求，美联储已经将基准利率降到了1%，并且不断注资拯救陷入困境的金融机构和大型企业，这些政策都将增加美元发行，从而使美元不断贬值。

美元是世界货币，世界上许多国家都持有巨额的美元资产，美国

【走近二十国集团】

如何拯救美国经济，防止美国滥发美元；要不要改革IMF，确定国际最后贷款人；必须统一监管标准，规范国际金融机构活动。这里对峰会做出的三大猜想，一定也有助于读者更好地观察二十国集团金融峰会的进一步发展。

滥发货币的行为将会给持有美元资产的国家造成严重损失。因此，金融峰会最迫在眉睫的任务应是防止美国滥发货币，而为了达到这个目的，各国要齐心协力拯救美国经济，这集中体现在购买美国国债上。

截至 2008 年 9 月 30 日，美国联邦政府财政赤字已达到 4548 亿美元，达到了历史最高点，因此，美国财政若要发力，需要世界各国购买美国国债，为美国政府支出融资。因此，G20 的其他成员要步调一致，严禁大量抛售美国国债，只有这样，才能稳住美国经济，自己手中的美元资产才能保值增值。

第二，改革IMF，确定国际最后贷款人

查尔斯·金德尔伯格在其脍炙人口的《疯狂、惊恐和崩溃：金融危机史》里指出，最后贷款人对解决和预防金融危机扩散至关重要。如果危机发生在一国之内，该国的中央银行可以充当这一角色，但是如果其演变为区域性或全球性金融危机，就需要国际最后贷款人来承担这一角色了。

1944 年成立的国际货币基金组织（IMF）就是为了稳定国际金融秩序而建立的一个国际最后贷款人。但是，IMF 本身实力有限，只能帮助应对规模较小的金融危机，而且一直受美国利益的支配，在援助受灾国的时候，往往附加苛刻的政治条件，限制了受灾国自主调控经济的自主性，往往在解决金融危机的同时导致严重的经济衰退。

【走近二十国集团】

在国际范围内，既不存在世界政府，也没有任何世界性的银行可以发挥这种功能，但是如果G20能够达成一种世界性的协议，共同应对更大规模的危机（例如由美国次贷风暴所引发的金融危机），将成为一种次优选择。

在这次峰会中，G20 其他成员，尤其是新兴经济体将更多地参与到 IMF 改革中来，包括要求更多的份额、在决策中拥有更多的发言权等。但是 IMF 的问题还不止于此。IMF 成立之初主要为了应对贸易赤字所带来的国际收支失衡，但是今天的问题是资本流动成了影响一国国际收支的主要因素，在巨量的资本流动面前，IMF 发挥的"救火"功能十分有限。在这种情况下，应确定规模更大的、协调功能更好的、能应对巨额资本流动冲击的国际最后贷款人。

第三，统一监管标准，规范国际金融机构活动

这次危机的根源之一是美国金融监管过度放松。作为金融全球化的主要推动者，美国对其金融机构和金融市场创新的监管越来越宽松，在这种宽松的环境下，其投资银行、商业银行和对冲基金等金融机构高杠杆运营，在全球其他国家攻城略地，屡屡得手。例如，1992 年的英镑和里拉危机，1997 年的亚洲金融危机，在很大程度上都是对冲基金兴风作浪的结果。由于这些机构在全球运行，可以通过内部交易或者跨国资本交易来逃避世界各国的金融监管，因此，统一监管标准，规范国际金融活动，就成了除美国之外，G20 其他成员的共同心声。美国也想加强金融监管，但是它更清楚要掌握监管

规则制定的主动权。如果放弃主动权，美国在国际金融体系中的霸权地位将会被极大撼动，这是美国金融资本所不愿看到的，而这也恰恰是 G20 其他成员的金融资本所诉求的。欧盟成员国在这个问题上早早表明了立场，预计在金融峰会上，美国或者置之不理，或者与 G20 中的欧盟成员国展开一番唇枪舌剑。经济和政治犹如一对孪生兄弟，如影随形。这次金融峰会不光要应对全球经济危机，更关系到美国相对衰落之后的全球利益调整。这个讨价还价的过程不是一次金融峰会就可以解决的，未来更多的峰会将接踵而来。目前，中国是世界上仅次于美国的第二大经济体，拥有全球最多的外汇储备，其他各国都盯住了中国的"钱袋子"，更加关注中国的动向。中国应抓住这次世界经济和政治格局调整的机会，主动发挥大国的作用，参与国际规则的制定，为中国的崛起、为全球金融和经济的长治久安做出自己的贡献。

【走近二十国集团】

二十国集团成员涵盖面广、代表性强，该集团的GDP占全球经济的90%，贸易额占全球的80%，因此已取代G8成为全球经济合作的主要论坛。

第一章　澳大利亚经济发展简史

　　澳大利亚地处南太平洋和印度洋,是南太地区经济最发达的国家。自上世纪90年代以来,澳大利亚经济保持持续增长。第二次世界大战期间,澳大利亚的经济发展所受冲击并不大,国民收入、就业情况和物价水平的变动都不是很剧烈,工业还得到了很好的发展。

澳大利亚人推崇冒险精神，在主张稳重决策的同时，他们认为做事情不可能有百分之百的把握，还必须有一点儿冒险精神。

"制造冒险气氛要从公司的最高领导做起。假如一家公司的总经理没有冒险精神，那么你很可能在该公司里看不到冒险精神。这是一种自上而下潜移默化的特点；总经理要是放手让其经理人员去冒险，后者同样会放手让自己手下的人员去冒险。这样，每一个经理在自己的范围内都是决策人。如果两名经理意见不一致，上级经理则支持有能力作出决定的那位经理。当然，也有这样的时候：一位经理做出的决定最终被证明是错误的。放手让人们去冒险，并允许他们在冒险时犯错误，这一点十分重要。这是一条促使他们进步并富有创新精神的最好途径。

第一节 澳大利亚的第二次世界大战与战后的重建和繁荣

二战爆发前,澳大利亚的工业已经具有比较好的基础,并且政府部门做了充分准备,因此这次战争并没有严重破坏澳大利亚的经济发展。第二次世界大战还为澳大利亚的军事和民用工业创造了发展机会。战后,澳大利亚经济不但顺利恢复,而且获得了很长一段时期的繁荣发展。

【澳大利亚经济】

澳大利亚地处南太平洋和印度洋,是南太地区经济最发达的国家。自上世纪90年代以来,澳大利亚经济保持持续增长。从1996年至2006年的11年间,该国实际GDP平均增长率达到了3.5%,是世界上经济增长强劲的国家之一。2006-07财年,澳GDP达9257亿澳元,同比增长3.3%。人均GDP在OECD国家排名第十位。

一、第二次世界大战期间的国民经济(1941—1945)

第二次世界大战期间,澳大利亚的经济发展所受冲击并不大,国民收入、就业情况和物价水平的变动都不是很剧烈,工业还得到了很好的发展。

(一)国民收入所受影响不大

第二次世界大战对世界经济的破坏性远大于第一次世界战争,然而对澳大利亚国民生产的破坏并没有那么严重。其一是因为第二次世界大战前,澳大利亚的工业已经有了一定的基础,整个国民经济体系较为完整,因此缓解了战争对国民经济的冲击。其二是因为战争爆发前政府部门就针对战争期间的经济、交通等方面展开了商谈,还组建了中央羊毛委员会、小麦委员会、大麦委员会和皮毛工业委员会等机构管理生产。在战争后期,由于劳动力、生产资料和各种生活资料的缺乏,国民生产受到一定的影响,有所下降。

(二)就业情况总体良好

第二次世界大战爆发后,尤其是抗日战争之后,澳大利亚投入的兵力不断增多。据统计,1941年年末,有46万名男性服役;至1945年,已有约100万名男性(含5万名女性)以各种形式服役,而当时澳大利亚总人口才700万人。兵力投入的上升一方面直接减少了国内的劳动力;另一方面,规模如此庞大的部队需要大量的食物、服装、武器装备、交通工具等,这些物质也需要有大量的劳动力来进行生产。因此第二次世界大战期间,澳大利亚的失业率一直保持在

非常低的水平。

由于劳动力的不足，越来越多的女性参加工作，从1938—1939年度的57万人上升到1943—1944年度的78万人，5年间上升了近37%。而且女性的职业范围不断扩大，逐渐进入原先男性专属的行业，这种行业间的性别区分也逐渐模糊。与此同时，女性工资水平不断上升。第二次世界大战之前，澳大利亚女性基本工

资不足男性的一半，而1942年建立的女性就业委员会规定了女性基本工资是男性的54%，在关键部门的女性所获得的工资是男性的90%；其他非关键部门为了留住劳动力也只能提高女性工资，达到男性工资的75%。

(三)物价水平得到控制

为了避免战时国内物价飞涨并解决战争的物资、资金问题，澳大利亚政府采取了包括行政、财政和货币政策的一揽子措施。

首先,1942年澳大利亚建立分配委员会,对服装、鞋、茶、糖、黄油和肉等重要物资实行配给制。与此同时,政府限制某些行业的生产资料供给(如限制企业所使用的钢材数量)、产品的类型和型号以降低消费者选择性。这些措施的目的是控制不断增长的收入水平带来的需求的上升与战争时期国内紧缺的物资条件之间的矛盾,从而限制物价水平的上涨。

其次,1941年联邦银行宣布提高法定存款储备金率,从而限制私人银行的借贷能力使联邦银行能够获得更多的资金用于公共支出。这一方面降低了市场上的流动性从而降低需求,另一方面也为政府筹集因战争需要的资金。

最后,政府还通过增加个人所得税,降低需求、增加财政收入。在第一次世界大战期间,澳大利亚联邦就开始在州政府的基础上加征个人所得税并且一直没有中断。1941年,各州政府还比联邦征收更高的所得税。而在1942年,联邦议会通过了征收统一所得税的法案。这总体提高了个人所得税的水平,降低了个人实际所得,降低了需求并控制了物价。

【澳大利亚经济】

服务业、制造业、采矿业和农业是澳大利亚的四大主导产业。据澳大利亚官方统计,2006-2007财年澳大利亚服务业(7826亿澳元)、制造业(979.8亿澳元)、采矿业(487.5亿澳元)和农业(233.7亿澳元)的产值,分别占GDP的82.1%、10.3%、5.1%和2.5%。服务业是澳大利亚优势产业。近年来,在新兴经济体对原材料巨大需求的带动下,澳大利亚采矿业快速增长。澳大利亚农业在国民经济中的比重虽有所下降,但农业的产量、产值和效益均不断提高,农产品出口也在大幅增加。

(四)军事工业和民用工业得到发展

第二次世界大战之前,澳大利亚虽然有军事工业,但是规模小,技术落后,不成体系,澳军的军需物资和军火主要依赖英国。第二次世界大战初期,英国因敦刻尔克大溃退丢失了大批军需物资,之后又因为遭受毁灭性的轰炸而使工业生产受到严重破坏。由于英国自顾不暇,澳大利亚只能自己发展军事工业、军需工业和民用工业。1940年后,澳大利亚着手发展军需工业。政府任命澳大利亚钢铁工业巨子和著名工业家埃辛顿·刘易斯为军需总监。在他的领导下,相继在纽卡斯尔、悉尼、墨尔本以及其他地区建立了许多军火工厂,生产澳军和美军

> **【澳大利亚经济】**
>
> 　　2006年,澳大利亚私人消费与政府消费分别达到5433.7亿和1718.5亿澳元,占GDP的比重分别为58.9%和18.6%,消费在澳大利亚经济中处于更重要的地位。

所需的武器、弹药及其他军用物资,从而建立起自己的军火工业体系,使澳大利亚成为西南太平洋地区最大的兵工厂。

　　在民用工业方面,第二次世界大战前,英国的工业品充斥澳大利亚市场,同时澳大利亚重要的工业原料和粮食也均被英国采购,这严重阻碍了澳大利亚的工业发展。第二次世界大战开始后,德国疯狂轰炸英国工业区,使英国许多民用工业转入军需工业。来自英国的工业品大幅度减少,从而促使澳大利亚本国工业迅速发展。澳大利亚制造业产值从1941—1944年增长了42%,机器制造业在同一时期增长了80%,工厂人数也从1939年的55万人增加

到1944年的75万人左右。抗日战争期间,美国根据租借法案(Lend—Lease Program)向澳大利亚提供了价值3亿英镑的物资和设备,这也在一定程度上促进了澳大利亚工业的发展。

二、战后的经济恢复(1946—1959)

第二次世界大战结束后,几乎全球都在进行战后重建,澳大利亚的国内需求和国外需求都不断高涨。战后澳大利亚农业和工业产品的供给能力也有了很大的提升,因此战后经济恢复顺利进行。

(一)总体经济稳定增长

第二次世界大战过后。澳大利亚的经济恢复工作十分顺利,国内外各种需求的复苏进一步促进了这一期间澳大利亚各产业的生产。

首先,从需求方面看。国内需求方面,在第二次世界

大战期间，澳大利亚国民收入不断上升，由于战争物资紧缺，政府通过财政、货币政策控制需求。战争结束后，这部分需求被逐步放开，使国内消费市场需求逐步扩大。而且战后政府为了安置大批退役士兵，还出台了战勤家

【澳大利亚经济】

澳大利亚通货膨胀率一直处于较低水平。其中，2003年和2004年该国消费物价指数分别增长1.9%和2%。从2005年起，澳大利亚通胀率有所抬头，相应地提高基准利率，进一步抑制通货膨胀。

园计划（War Service Homes Scheme）帮助80万退役士兵购买房产；同时联邦住房协议也计划为穷人建廉租房。猛增的住房拥有量带动了家具、家电等其他工业制成品的需求。国际需求方面，战争结束后，得益于欧洲国家的战后重建，世界市场对初级产品的需求不断上升，而且羊毛等原材料的价格也不断上升，1947—1948年度，世界羊毛价格是第二次世界大战期间的2.5倍。初级产品价格的上升导致澳大利亚的贸易条件不断改善，同时澳大利亚部分商品的实际出口数量也在扩大（例如20世纪40年代末，小麦和面粉的出口量比40年代初高1／3），澳大利亚出口收入高速增长。

其次，从供给方面看，战后澳大利亚的供给能力迅速提高。农业方面，为了调控战争期间物资供应而建立的小麦管理局在战后继续发挥作用。它在国际市场上

的行为与国际小麦协议相一致，以固定价格销售一定数量的小麦，同时在国内市场规定了一个小麦的最低价格以保证农业收入，在世界价格低于规定的最低价格时给予补贴。糖、黄油、乳制品等农牧产品也有类似的补贴计划。这些计划促进了澳大利亚的农牧业生产。部分退役士兵进入战争期间劳动力不足的农牧业从事生产活动，也为农牧业生产的增长提供了新动力。

工业方面，第二次世界大战结束后，澳大利亚仍旧保持着较高的保护关税。而且，战后由于美元储备严重不足，限制了从美国的进口。这两个因素使美国企业不断扩大在澳大利亚的投资和生产，带动了澳大利亚相关制造业的发展。

（二）失业率低且较为稳定

第二次世界大战结束后，得益于繁荣的国内外市场需求，除了1946年和1947年由于退役人员的急剧上升使失业

率上升外，其余年份的失业率都保持在较低的水平，且较为稳定。男性退役士兵劳动力的增加促使部分女性离开就业岗位，在关键行业这一现象更加严重。1946—1947年度，女性就业人数达到第二次世界大战以来的最低水平。

【澳大利亚经济】

对外贸易是澳大利亚经济的重要组成部分，澳农业产品的70%、资源产品的80%以及制造业18%用于出口，服务业出口占有相当大比重，服务业出口达到480亿美元。

（三）物价水平一度高涨

第二次世界大战后，澳大利亚一直存在通货膨胀问题。国内市场上，人民需求的释放和增长提高了需求从而促使物价上升。国际市场上，原材料价格不断上升，这在提高了澳大利亚收入的同时也提高了澳大利亚从世界市场进口的工业品的价格。而且不断上升的世界原材料价格刺激了国内原材料价格的上升，也带动了国内工业制成品价格的上升。1947—1949年间，澳大利亚的零售物价上涨了10%；1950—1952年间，消费品物价上涨了40%。之后，物价水平开始趋于平稳，20世纪50年代末期，通货膨胀率被控制在3%左右。

三、战后经济繁荣期（1960—1973）

20世纪50年代末，澳大利亚的战后经济发展战略得到了很好的执行。50年代后半期平均经济增长率达到4%，失业率稳定保持在2%左右，通货膨胀也控制在3%以下。经历了1960年和1961年短暂的经济衰退后，60年代和70年代初，澳大利亚经济经历了繁荣期，直至70年代的石油危机为止。

（一）工业得到迅速发展

第二次世界大战结束后，澳大利亚政府由于各种原因不断鼓励澳大利亚工业的发展，汽车、家用电器、机械、钢铁、橡胶、塑料、石油、化工、纸、食物加工、纺织、服装等行业的产出和就业人数都有了很大的增长，尤其是汽车、机械、家用电器和钢铁行业。由于新技术的引进，生产过程采用了更多的资本品，工业的劳动生产率也有所提高，年增长率在3.5%～4.5%之间。

澳大利亚政府不断鼓励工业发展的原因为：（1）努力实现工业制成品自给自足。第二次世界大战显示了澳大利亚的资本品严重依赖于其他国家，一旦发生国际冲突，会在很大程度上影响澳大利亚的经济稳定。只有不断发展工业才能让澳大利亚在重要工业制成品上实现自给自足。（2）解决国际收支失衡问题。澳大利亚的贸易收支虽然经常处于盈余状态，但是服务贸易严重赤字，而且总的国际收

【澳大利亚经济】

中澳贸易最早可追溯至十九世纪末期。新中国成立后，民间贸易一直未曾中断。1972年两国建交以来，两国经济交流与合作不断加强。近年来，中澳两国经贸合作往来密切、互动频繁。2003年，两国签订了中澳经贸合作框架协议，推动双边矿业、农业、服务业、投资、知识产权保护等16个领域合作，2005年，两国启动中澳自贸区谈判，现已进行了11轮谈判。双边经贸关系一直保持着良好的发展势头。

支失衡也是制约澳大利亚经济发展的重要因素。此外澳大利亚贸易收入的大部分来自于农牧业和矿业，而进口的多是工业制成品。因此澳大利亚需要不断发展制造业实现进口替代并增加工业品出口来解决国际收支失衡问题。(3)增加地方财政收入。在战争期间，地方政府的税收权限很大一部分被联邦政府取得。为了增加地方财政收入并且摆脱地方经济对某些农产品的严重依赖，地方政府强烈支持工业的扩张。(4)解决新移民的就业问题。战争期间，澳大利亚出生率很低，导致人口问题突出，政府为了解决人口问题不断吸引移民，由于农业的机械化程度不断提高，所需的劳动力非常有限，因此解决新进移民的就业问题在很大程度上依赖于制造业。

(二)国际贸易与国际投资快速发展

从战后经济恢复到20世纪70年代为止，良好的世界经济环境也是澳大利亚经济繁荣的一大因素。

【澳大利亚经济】

据中方统计,2007年,中澳双边贸易稳步增长,货物进出口总额达到438.5亿美元,比2006年增长33.1%。其中,中国对澳出口180亿美元,增长32.1%;从澳进口258.5亿美元,增长33.8%。澳大利亚成为中国第九大贸易伙伴,中国是澳大利亚第一大贸易伙伴,第一大进口来源地,第二大出口市场。

1. 国际贸易

20世纪60年代,澳大利亚的出口贸易额不断上升,进入70年代,出口额上升得更加迅速。在出口额上升的同时,澳大利亚的出口产品结构与市场构成也发生了很大的变化。

由于羊毛、小麦等澳大利亚传统出口商品的世界价格不断下降,农牧业产品在澳大利亚出口中所占的份额不断降低。到20世纪70年代初,羊毛的出口收入下降了1/4,而且羊毛出口额占澳大利亚总出口额的比重跌至不足1/5,低于制造业和矿业。小麦的出口情况与羊毛相似,出口价格与收入都在不断下降。这一时期,农牧业产品中唯有牛肉和糖的出口收入是上涨的,这得益于进口国实际收入的上升所导致的这些消费品世界价格的上涨。

20世纪70年代初，制造业产品的出口额不断上升并成为澳大利亚最主要的出口商品，占总出口额的26％。汽车、电力设备、机械设备等先进技术产品也开始出口，并且出口数量的增长与纺织品、钢铁产品、化学品和其他金属产品保持同样的速度。矿产出口数量在这一时期高速上涨，1961—1965年，矿产出口额占货物出口额的5.5％、1966—1970年达

【澳大利亚经济】

澳对中国出口的主要产品有：金属矿砂，羊毛，原油，煤炭，皮类，有色贱金属废料，食品与活畜，机器及运输设备等。澳自中国进口的主要产品有：电脑及配件，通讯设备，玩具、游戏及运动商品，家具，纺织服装，化学制品，鞋，视听收录机及电视机，塑料与金属制品，普通机械产品等。

11.4％，20世纪70年代初期，这一比重达到了18％，居出口额第二位。

与之前依赖一个主要市场不同，澳大利亚的出口市场不断呈现分散化的趋势。到1970年，澳大利亚75％的制造业产品出口至新西兰、英国、日本、美国、南非、巴布亚新几内亚、新加坡、印度尼西亚、西德、中国香港、菲律宾和马来西亚这12个国家和地区。该时期，日本替代英国成为澳大利亚的主要出口市场。20世纪70年

代初,澳大利亚出口的铁矿石中80%是运往日本的,羊毛有40%由日本企业购买。

2.国际投资

与早期的国家间借贷不同,这一期间澳大利亚吸引的外国投资以跨国公司的私人投资为主,而且很大一部分投资来自美国,而不再是英国。在20世纪50年代,澳大利亚的外国直接投资还处于比较低的水平,60年代澳大利亚获得的对外直接投资逐年上升,直到1971年达到最高水平,占GDP的20%。

澳大利亚吸引外国直接投资不断上升的原因有:(1)战后经济恢复使澳大利亚经济也得到恢复,人民的收入和需求不断上升,使澳大利亚成为一个有潜力的市场。(2)20世纪60年代,澳大利亚的关税水平还处于比较高的水平,而且澳大利亚对英国商品给以优惠关税,使得美国出口的商品在澳大利亚市场的竞争力更低,从而促进了外国直接投资。(3)1960年,澳大利亚实现了澳元与美元

的自由兑换，使外资的流入与收益的汇出更加自由，这也提高了投资者对澳大利亚市场的信心，认为对澳大利亚的投资是安全的。

20世纪60年代，澳大利亚外国直接投资的快速增加还表现在外资的制造业所有权不断提高上。1962年外资占制造业的比重为25％，1966年这一比值达到29％，1972年更是达到

【澳大利亚经济】

近年来，中澳两国的相互投资也发展得很快。截止到2008年5月，中国新批澳在华投资项目8754个，合同外资金额184亿美元，实际使用外资金额55.23亿美元。分布在制造业、批发零售、租赁和商务服务业等领域。澳大利亚是中国吸收外资的主要来源地之一。截至2007年底，经商务部批准或备案的中国在澳投资项目已超过340家，我对澳直接投资额17.3亿美元，主要集中在资源开发、服务业、房地产及进出口贸易等领域。中澳两国已互为重要的投资伙伴。

34％。在有些具体行业外资占有权甚至更高，如烟草行业60％、化工行业60％以上、石油提炼行业91％、汽车行业75％。澳大利亚这一时期矿业的发展很大程度上也依赖于外国直接投资，澳大利亚整个矿业的外资占有率在1966年已达45％，1972年更是达到52％。

　　在20世纪70年代初期之前,澳大利亚都是鼓励外国直接投资的。直到澳大利亚意识到本国经济严重依赖外资,出现了外资所有权危机。1972年11月澳大利亚出台了外国公司法案(Foreign Companies Act),开始限制各个部门的外国直接投资,外资流入量下降。

第二节　澳大利亚的20世纪七八十年代的滞胀与经济改革

如上节所述,良好的世界经济形势是20世纪50年代和60年代澳大利亚经济繁荣的一大重要因素。70年代中期以后,动荡的世界经济格局同样严重影响了澳大利亚的经济发展。

一、世界经济环境及其特点

经过20世纪50年代和60年代的经济繁荣,资本主义国家通货膨胀的压力不断增大。首先,经过20年的充分就业,资本主义国家的工会势力不断增强,通过谈判协商手段,许多行业的工资不断提高。不断提高的工资增加了企业的成本,最终只能以价格的上升转嫁给消费者。其次,60年代后半期,由于越南战争和美国社会福利计划,美国财政赤字急剧扩大,政府只能通过增加借贷弥补财政赤字,美联储在这个时期实行的是扩张性财政政策,这导致美国的通货膨胀不断上升。在布雷顿森林体系下,美元作为储备货币被各国所持有,因此美国的通货膨胀不断向其他国家蔓延。而且70年代早期,英国、法国、意大利和日本等工

> **【澳大利亚经济】**
>
> 澳大利亚已建立综合全面的经济政策框架。澳大利亚经济具有全球竞争力,并继续成为有吸引力的投资目的地。澳大利亚有着健全、稳定和现代的体制结构,这种体制为企业带来了商业判断的确定性。

业国家本身实行的也是扩张性货币政策，因此几乎所有发达国家的通货膨胀压力都在急剧上升。最后，由于60年代国际需求的高速增长，1971年和1972年，国际原材料价格急剧上涨，以原油为代表的能源价格上涨速度更快。1974年爆发的第四次中东战争又刺激了石油价格的飞速高涨。种种压力使发达国家在20世纪70年代以后通货膨胀不断上升。

这一时期，世界经济环境的特点表现为：

（一）紧缩性经济政策使各国经济陷入滞胀

为了控制高速增长的通货膨胀，1974年发达国家普遍采取紧缩政策减缓经济增长。这些紧缩性政策使发达国家出现了第二次世界大战后的首次经济负增长，并由此进入经济衰退。但是这些紧缩的政策在控制通货膨胀方面却没有取得很好的效果，从而出现了工业化国家经济停滞、而通货膨胀持续高涨的"滞胀"现象。

（二）就业率下降

经济的衰退使发达国家的失业率从20世纪70年代初期的3%左右急剧上升到1975年的5%以上。这一方面是由于经济的低增长无法创造与劳动力增长速度相同的岗位增长，另一方面由于之前经济高速增长期间对劳动力节约型技术的投资使工业对劳动力的需求不断下降；而且由于高通货膨胀，工人索要的工资

【澳大利亚经济】

澳大利亚的经济充满竞争力、开放、生机勃勃，挤身世界最强大经济体行列。澳大利亚出色的经济表现是有效经济管理和持续体制改革的结果。澳大利亚也拥有竞争力强、充满发展活力的私营部门，以及技术精湛、擅于应变的劳动力队伍。

也不断上涨，更加降低了劳动力需求。企业为了节约劳动力成本，开始向发展中国家转移劳动力密集型行业，这进一步削减了工业化国家的就业岗位，降低了就业水平。

（三）国际贸易增速不断降低

各国由于担心国际收支失衡，普遍采取贸易保护措施。1975年，世界贸易总量出现了第二次世界大战后的首次下降，之后一直低速增长。1979—1982年间，世界贸易出现停滞状态，1982年世界贸易额和贸易量均低于1979年的水平。1975—1982年，世界出口额平均年增长率为3.7%，而在经济繁荣时期（1965—1972年），这一增长率为11.4%，这还没有剔除滞胀期间高通货膨胀带来的影响。

二、澳大利亚经济的滞胀

1974年，澳大利亚经济与世界经济步调一致，国内外市场的急剧萎缩和政府为了控制通货膨胀采取的紧缩性政策造成澳大利亚经济进入滞胀期，经济增长率急剧下降，通货膨胀和失业率快速上升。

【澳大利亚经济】

　　2003—2004年，澳大利亚政府记录了80亿澳元的预算盈余—占国内生产总值（GDP）的1%。2003年—2004年，澳大利亚政府的净负债下降至234亿澳元，减少了62亿澳元；如此一来，净负债仅占国内生产总值的2.9%，创26年之新低。

　　从通胀方面看，1974年，为了提高社会福利水平澳大利亚政府不断增加财政开支，使得1974—1975年度澳大利亚政府支出占GDP的比重从之前的23%跳跃到28%，政府支出和财政赤字的扩大进一步提升了澳大利亚的通货膨胀压力。劳动力的紧缺和工会势力的扩大提高了澳大利亚的工资水平，增大了企业的成本负担，最终转换为产品价格的提升。而20世纪70年代初期，世界初级产品价格的上升也使澳大利亚的收入不断上升，从而需求也不断上涨。这些因素造成了澳大利亚通货膨胀的上涨。在滞胀期间，澳大利亚的通货膨胀率高于发达国家的平均水平，而且澳大利亚的工资水平上涨速度更快（1975—1988年，澳大利亚平均工资水平上涨222.4%，而同期日本和美国的工资分别上涨97.1%和127.3%），这使澳大利亚的工业制成品在世界市场上的竞争力不断下降。

　　从国际贸易方面看,1974年世界经济的衰退对澳大利亚经济产生冲击,澳大利亚的贸易条件开始恶化。由于所有工业国家都陷入滞胀,世界市场对原材料的需求不断萎缩,导致澳大利亚的羊毛、铁矿石的出口不断下降。20世纪80年代,美国和欧洲国家又增加对本国农业的生产补贴和贸易保护,也使澳大利亚的食品出口受到严重影响。而且80年代,所有工业化国家都提高了工业制成品的贸易壁垒,使澳大利亚工业制成品的出口也不断下降。

　　价格水平的不断高涨冲击了澳大利亚的总供给,而急剧下降的国际需求压缩了澳大利亚的总需求。这两方面的影响都对澳大利亚经济增长造成了冲击,从而使澳大利亚的经济增长率快速下降,同时失业率不断上升。

三、20世纪80年代的经济改革

　　1983年开始,澳大利亚开始了频繁的经济改革。改革中,许多政府管制措施被质疑,政府逐渐退出经济行为,澳大利亚经济开始朝着自由市场经济发展,联邦政府和州政府拥有的大部分公有企业也不断被私有化。

(一)放松资本管制

　　在改革中,首先进行的就是放松金融管制尤其是放松对国际资本流动的限制。1983年,澳大利亚宣布放弃汇率管制,实现完全浮动的自由汇率,联邦储备银行(Reserve Bank Of Australian)也不再参与外汇市场操作。澳大利亚的企业、银行和个人,无论是从海外借款还是向海外进行投资都不用经过联邦储备银行的批准。

【澳大利亚经济】

　　自1998年以来,澳大利亚的国内生产总值年均实际增长率达到3.4%。近年来,澳大利亚已成为全世界经济发展最强劲的国家之一,1990年以来的年均增长率达到4%。

与此同时，澳大利亚也不断降低和消除对外资所有权的限制。1984年12月，澳大利亚放弃了商业银行外资所有权的限制，1985年，16家外国银行被允许进入澳大利亚。除了银行业外，其他经济部门的外资所有权限制也逐步放松和消除。到1987年，外资对澳大利亚的制造业、服务业、资源加工业、非银行金融机构、保险、证券、旅游、农场资产和初级产品（矿业除外）的投资已经没有任何限制，在银行业、新闻传播、城市商业资产和房产以及采矿业仍有限制。只要本国股权超过50%，澳大利亚允许外资对采矿业进行投资；而且只要证明在合理条件下可以没有澳大利亚的资本，50%的股权限制也可以排除。

对资本市场管制的放松使澳大利亚经济与世界经济联系得更加密切，澳大利亚企业能够更加自由地从海外筹集资金、对海外进行投资和购买商业资产，这也使澳大利亚的企业在全球经济中的国际竞争力不断提高。

（二）关税改革

1973年之前，澳大利亚对制造业一直采取高保护政策，1973年澳大利亚开始降低关税水平。然而由于之后爆发的世界经济滞胀，其降低贸易保护的进展缓慢。汽车业、纺织业和鞋服制造业在滞胀期间所受到的关税和进口配额保护还有很大的提高，

> **【澳大利亚经济】**
>
> 与澳大利亚经济增长相伴随的是低通货膨胀。在过去的10年间，澳大利亚的通货膨胀率一直稳定。2003至2004年的通货膨胀率仅为2.4%。

从1973—1974年度至1984—1985年度，汽车业和纺织鞋服业的有效保护率分别从38%和64%上升到137%和250%以上。1985年以后，降低进口保护的呼声越来越强烈，汽车业和纺织、鞋服制造业开始取消进口配额限制，但是这几个部门的平均保护率还是高于制造业平均水平。同时，电视机、音响设备、电子设备、家用电器、橡胶和皮革行业的贸易保护还有所提高，这就导致了澳大利亚行业间贸易保护水平的两极分化。

1988年，澳大利亚开始了第二轮关税减让，除了汽车、纺织和鞋服制造业，其他行业名义关税在15%以上的降低至15%，名义

关税在10％～15％之间的降到10％。1989—1990年度，澳大利亚制造业的平均保护率下降到10％以下，达到1920年以来的最低水平。

（三）宏观经济改革

澳大利亚的宏观经济改革，第一，就是将公有企业私有化，缩小公共部门规模并且引入竞争机制。政府将联邦银行（Commonwealth Bank）、澳航航空公司（Qantas Airlines）、澳大利亚航空公司（Australian Airlines）和澳大利亚国民运输公司（Australian National Lines）的资产出售，并且将原本由公共部门提供的服务转移给私人部门，在电信部门引入竞争并放松管制。这些措施大大提高了澳大利亚的国民经济效率。第二，澳大利亚政府通过放松对工资和就业条件的限制、撤销工会对企业造成损失的豁免权来提高企业的谈判能力，塑造一个更加灵活的劳动力市场。第三，政府采用激励出口的政策，鼓励在本国进行各种初级产品的加工以增加出口价值。第四，为了促进本国高技术行业的发展，政府加大了对教育、科研的投资。

【澳大利亚经济】

澳大利亚之所以能够维持高增长、低通胀，很重要的一个原因是劳动生产率的显著提高。自1990年以来，澳大利亚劳动生产率的年均增长率超过2.3％，已成为经合组织（OECD）中增长速度最快的劳动生产率之一，高于1.8％的平均水平。

第三节　澳大利亚的20世纪90年代的经济

进入20世纪90年代，澳大利亚经济稳定发展并呈现新的特征。国内方面，消费在国民经济中一直占据主导地位，农业、制造业等传统支柱产业在国民经济总的比重不断下降，服务业比重逐渐上升。在对外方面，澳大利亚的贸易依存度不断提高，与亚洲经济的关系也越加密切。

一、20世纪90年代的主要经济指标

20世纪90年代，由于欧美"新经济"的发展，发达国家经济发

【澳大利亚经济】

　　澳大利亚已建立综合全面的经济政策框架。澳大利亚经济具有全球竞争力,并继续成为有吸引力的投资目的地。澳大利亚有着健全、稳定和现代的体制结构,这种体制为企业带来了商业判断的确定性。

展较为平稳,实际经济增长率有所提高,在1999—2000年出现增速的大幅度提高。受"新经济"和国内80年代经济改革的影响,与之前的滞胀相比,澳大利亚的经济有所恢复,实际经济增长率缓慢上升,并且显著高于发达国家的平均水平。滞胀时期居高不下的通货膨胀也得到控制,20世纪90年代的平均通货膨胀率为2.2%,低于发达国家平均水平的2.7%。但是从20世纪80年代经济衰退以来,澳大利亚的失业率就一直保持在较高水平,1992年和1993年失业率甚至达到10%以上,与40—70年代初持续的充分就业有很大的差距。

二、20世纪90年代的经济特点

(一)消费在国民经济中占主导地位

用支出法计算的澳大利亚国民经济总收入中,消费支出占绝

大部分。20世纪90年代大多数年份，澳大利亚的消费支出占GDP的比重都在75%以上。1992年消费占GDP的比重最高，达到81.7%，其中，政府支出占GDP的比重为19.4%，私人支出的比重为62.3%；而同年固定资产投资和储蓄的比重分别为17.05%和1.2%。1992年以后，储蓄在国民经济中得比重逐渐回升，2000年达到5.5%。固定资产投资在国民经济中的比重一直较为稳定，在17%～20%之内小范围浮动。

（二）制造业的比重不断下降，服务业逐渐上升

20世纪90年代，由于澳大利亚服务业快速发展而制造业发展缓慢，因此服务业占国民经济的比重逐渐上升，而制造业的比重不断下降。1990—2000年，服务业占GDP的比重从67.59%上升至70.58%，相应的制造业的比重从15.25%下降到12.08%，两者的变化都约为3%。农业、矿业和建筑业在国民经济中的比重小幅度波动，没有显著变化。

（三）贸易依存度不断上升

澳大利亚一直就是开放型国家，国民经济受世界经济影响显著，国际贸易在本国经济发展中占有重要地位。20世纪80年代的经济改革更加强调出口的作用，引导建立了许多出口导向型的企业和行业。20世纪90年代，澳大利亚的出口依存度不断上升，2000年达到20.1%。澳大利亚的进口依存度远远低于出口依存度，在1994年以前，澳大利亚的进口依存度都在11%以下，1995年以后，进口依存度也有了大幅度的上升。

【澳大利亚经济】

澳大利亚拥有强大的审慎监管制度，以及以商业为导向的公司监管和破产制度。在交通运输、电信、电力和天然气等主要行业都存在实质性的竞争。

（四）与亚洲经济关系越加密切

澳大利亚属英联邦，与欧洲尤其是英国一直保持密切的经济往来。进入20世纪90年代，发达国家经济缓慢发展，而亚洲发展中国家经济出现腾飞，亚洲发展中国家成为澳大利亚丰富的矿产资源和原材料的主要进口国，与亚洲的经济往来也成为澳大利亚最主要的经济关系。在20世纪90年代期间，向欧洲发达国家的出口占澳大利亚总出口的比重逐渐下降，向亚洲发达国家的出口比重大幅度下降，与此形成鲜明对比的是向亚洲发展中国家的出口比重迅速上升，从1989年的29.76%上升到1997年的45.35%，受亚洲金融危机的影响，这一比重在1998年有所下降，但是之后1999年和2000年再度上升。

第四节　澳大利亚的新世纪第一个10年的经济

一、澳大利亚经济增长的总表现

（一）经济增长有所下降但势态平稳

根据世界银行提供的数据计算，20世纪80年代，澳大利亚经济年均增长率为3.38％，90年代为3.28％，21世纪前10年为3.18％。每10年下降10个百分点，但这近10年的增长趋于平稳、上下波幅较小。根据计算，1980—1989年间，澳大利亚经济增速的标准差为2.26，1990—1999年为1.75，2000年—2009年为0.93，标准差持续明显下降。这说明澳大利亚经济在保持较快增长的同时，稳定性有了增强。

（二）在世界经济中的地位稳步上升

首先从澳大利亚经济占世界经济比重来看，1990年澳大利亚国内生产总值（GDP）为2993亿美元，同年世界GDP为242164亿美元，澳大利亚经济占世界经济的比重为1.24％，2000年占世界经济比重提升为1.3％，2009年该比重再上升为1.38％。其次从经济增长率看来，澳大利

【澳大利亚经济】

澳大利亚拥有开放的经济和有利于企业的税收制度，其贸易和投资壁垒非常低。灵活的劳动力市场，高度熟练的劳动力，强劲的经济增长以及适度的工资和物价压力，都奠定了可持续就业发展的基础。

亚20世纪90年代年均经济增长率为3.28%，同期世界的为2.72%；2000—2009年，两者分别为3.18%和2.35%。正由于澳大利亚经济增长率高于同期世界的水平，其在世界中的地位有所提升。

（三）经济增长率高于大部分发达国家

2000—2008年，澳大利亚经济增长率年均为3.11%，而同期美国的经济平均增长率为2.39%、英国为2.51%、日本为1.46%，同时远远超出经济合作与发展组织（OECD）成员年均2.39%的增长水平。2008年美国次贷危机爆发，世界及主要发达国家的经济增长率均放缓；进入2009年，很多发达国家都经历经济的负增长，美国、日本、英国经济增长率分别为–2.44%、–5.24%以及–4.92%，而澳大利亚2009年的经济增长率仍能保持1.29%，受挫较小。

二、新世纪经济增长特点

下面从供给和需求两个方面对澳大利亚2000—2009年国民生产总值中三大产业的增值变化对经济增长的不同贡献和推动GDP支出的三大需求（消费、投资和净出口）的变化对经济增长的不同贡献进行阐析。

【澳大利亚经济】

货物与服务税(GST)是澳大利亚一种有着广泛税基的增值税,按10%征收,适用于几乎所有货物和服务。澳大利亚不对股票交易征收印花税,企业税包括30%的公司税。

（一）供给方面

1. 澳大利业产业增值的变化

一国经济的增长主要反映在该国在一定时期内产业结构中三大产业的增加值及其比值关系。

21世纪第一个十年，澳大利亚农业除受旱灾影响的年份，其余年份增加值占总增加值的比重均在3%以上，矿业占总增加值比重基本在8%左右,10年来,农矿产业占总增加值的比重基本保

【澳大利亚经济】

　　2003—2004年度，新的商业投资增长了8.3%，其原因包括低利率、公司利润增加以及乐观的商业情绪等等。

持在11%左右，呈相对稳定的增长。2000年以来，尽管澳大利亚制造业实际产出仍在不断增长，但其占总产业增加值的比重一直处于下降态势，2009年该比重已降至10.1%，相比其他产业，制造业的增速已明显放缓。整个20世纪，服务业在澳大利亚的经济发展中一直扮演了很重要的角色，服务业增加值占总增加值的比重远远高于农矿产业及制造业。进入21世纪，服务业增加值占总增加值的比重不断提高，2009年达78.9%

　　2008年全球金融危机爆发以来，澳大利亚三大产业中制造业受到的影响最大，2009年产业增加值与2008年相比下降了5.92%，产业增加值占总增加值的比重也有所下降，由2008年的10.9%下降到2009年的10.1%。相比之下，服务业受金融危机影响较小，但也未能避免增速放缓。农矿产业在此次金融危机过程中受到的影响最小，不仅实现了产业增加值的正增长，其产业增加值比重也有所上升。

2. 农业易受旱灾影响,矿业产值逐年上升

过去10年,澳大利亚农业一直受到干旱的困扰,2002—2003年和2006—2008年的干旱使得澳大利亚大部分地区的农业产值大幅下降,其中小麦和棉花产值的下降幅度较大。为抵抗干旱对澳大利亚农业造成的不利影响,2001年以来,澳政府对农业提供了近42亿美元的金融援助,加之气候条件的改善,2008—2009年澳大利亚农业产业增加值达306.7亿美元,相比2007—2008年增长了15.02%。

作为澳大利亚支柱产业之一,矿业对澳大利亚的经济有着举足轻重的作用,而且是澳最大的出口产业。2006年,其铁矿石、铝土矿、铀、铅等资源的产量均处世界首位。2000年~2009年,澳大利亚矿业增加值一直处于稳定上升态势,其总产业增加值比重基本保持在8%左右,年均增速为3.2%,是澳大利亚GDP第三大贡献产业。2000—2009年,矿业每单位劳动力的增产值呈下降趋势,10年间下降了

42%，反映出近年来矿业生产率的下降。

3．制造业整体增速缓慢，占总增加值比重下降

2000年以来，制造业的增速已明显放缓，2000—2009年均增速为0.9%，同期农矿产业及服务业的平均增速分别为2.94%、3.62%。其中，劳动密集型部门如纺织品、服装、鞋类和皮革制造业年平均增速为-3.72%，占制造业总产业增加值的比重10年间下降了36.46%，这一方面由于澳大利亚制造业内部结构调整所致，另一方面也源于亚洲低价的同类产品竞争。从生产率的角度来看，该部门每单位劳动力的增产值在过去20年也呈下降趋势。年均增速低于制造业平均水平的部门还有木材和纸制品制造业，石油、煤矿、化工及相关产品制造业，食品、饮料和烟草制造业，印刷、出版和资料储存媒体复制业。

对比2008年和2009年可以发现，受金融危机影响，制造业内部各产业增加值都有不同程度的下滑，产业增加值总体下滑5.92%，其中下滑幅度较大的是印刷、出版和资料储存媒体复制业，纺织品、服装、鞋类和皮革制造业及石油、煤矿、化工及相关产品制造业，分别下降了17.48%、10.43%和10.01%。

4．服务业各产业增速较快

根据澳大利亚、新西兰标准产业分类法（2006版），考察澳大利亚服务业16个部门产业增加值在2000年～2009年的变动趋势，16个部门均保持了较大幅度的正增长，年均增幅达3.62%。其中，增速最快的是建筑业，年均增速达5.37%。其次是行政支持服务业、医疗和社区服务业、技术及其他科技服务及金融与保险业和专业，年均增速分别为4.73%、4.63%、4.40%和4.32%。

【澳大利亚经济】

澳大利亚的出口基础坚实多样。这在很大程度上应归功于澳大利亚企业突出的国际竞争力以及低关税和最低市场准入壁垒所带来的诸多国际商机。

服务业内部对GDP贡献最大的部门即金融保险业，2006年该产业首次超过制造业成为对GDP贡献最大的产业。2009年的产值为1177.4亿美元，占总产业增加值的比重为11.52%。其次是建筑业和专业、技术及其他科技服务业，分别占总产业增加值的8.28%、6.94%。2009年，十六大部门中金融保险业、建筑业、专业、技术及其他科技服务业和

医疗和社区服务业等部门生产了服务业42.4%的产值，通过计算可得，这四个部门的每单位劳动力的增产值的整体趋势也在不断提高。

2008—2009年，服务业内部大多数部门还是经受了金融危机的考验，实现了产业增加值的正增长，少数部门受到一定的影响，产值有所下滑。

（二）需求方面

从需求方面来看，拉动经济增长的需求因素有三项：即消费、投资和进出口贸易的净出口。现就澳大利亚近10年来这三项需求因素对经济增长的作用及其表现分别阐述如下。

1．消费需求

澳大利亚消费需求占其国内生产总值的支出比重最大，一般在70％以上。2000年以来，该比重呈上升趋势，2009年达到72.67％。从最终消费对经济增长的贡献率来看，消费需求又是拉动经济增长的最主要因素。2000—2009年最终消费对经济增长的年均贡献率为81.66％，2001年和2005年由于投资和净出口的相对下降，消费对经济的贡献率甚至超过了100％。

澳大利亚消费支出以居民消费为主，2000—2009年的年均居民消费率为54.45％。2009年即使受金融危机影响，居民消费占GDP的比重仍高达55.27％。从对经济增长

的拉动作用来看,2000—2009年间居民消费对经济增速的贡献率年均为62.54%。2009年由于受金融危机影响,居民消费对经济增长的贡献率仅为38.84%。

　　澳大利亚政府消费占国内生产总值的比重不大,2000—2009年间政府消费占GDP的比重稳定在17%左右。2008年爆发金融危机,政府实行一系列的扩张性货币财政政策;2009年政府消费占GDP的比重上升到17.4%,接近2000年水平。政府消费对经济增速的贡献一般不大,2009年随着居民消费对经济增速拉动的减缓,政府消费对经济增速的贡献率超过居民消费,达到47.4%。

　　2．投资需求

　　投资在经济中的比重有所上升,但对经济增长的拉动作用受外部环境影响较大。2001年以来投资占GDP的比值逐年上升,从

2001年的20.81%上升到2009年的29.30%。从投资对GDP增速的贡献率来看,其受国际经济环境影响较大,对经济增长的贡献率没有消费需求稳定。2000—2009年投资对经济增长的年平均贡献率为38.38%,其中贡献最高年份为2003年高达103.96%;2001年由于受网络经济泡沫破灭的影响,投资对经济增长的贡献率为-85.07%;2009年受世界金融危机影响,投资对经济的贡献率仅有6.24%。

固定资本形成总额和存货变动成为经济增长的不确定因素。2000—2009年间固定资本形成总额占经济的比重年均为25.34%,并且该比值从2001年起逐年上升。2001年由于受网络经济泡沫破灭的影响,加上该年日本的经济零增长、美国高科技产业的衰退等国际经济环境的恶化,澳大利亚企业投资意愿低迷,固定资本形成总额的增长率为-8.4%,对当年经济增长率的贡献为-95.63%。存货的变动在经济中的比重不大,但是随着2009年存货变动由上年的63亿美元直接下降到-64亿美元,对经济增长贡献率为-97.57%。

3. 净出口需求

(1)净出口占国内生产总值的比重最小,对经济增长的拉动作用通常为负。2000—2009年净出口占国内生产总值的比重平均只有2.88%。2001年来由于进口的速度远远超过了出口速度,澳大利亚净出口额逐年减少;2007年净出口额甚至由正转负为-15亿美元,2009年该数值进一步增大为-117亿美元。从净出口对经济增长的贡献率来看,其对经济的拉动作用经常为负,且呈较大的

【澳大利亚经济】
澳大利亚的国际贸易竞争力日益依赖技能、知识、创新、事业心以及国内国际信息网络。澳大利亚的开放经济创造了一种有利于发展事业和开展创新活动的绝佳气候,而信息和通信技术是经济增长的一大关键驱动因素。澳大利亚在信息和通信技术领域的开支占国内生产总值的比重名列全球第10位。

波动状态。2000年~2009年净出口对经济增长的贡献率平均为-7.69%;净出口对经济的贡献率最高为2009年高达100.76%,最低是2003年为-62.8%,波动幅度高达162个百分点。

（2）出口以初级产品为主,进口以制成品为主。澳大利亚出口产品中以初级产品为主,初级产品占到总出口额的50%以上,2004年~2009年初级产品出口的年增长率为12.9%。在出口的初级产品中,原材料和矿物燃料的出口总额占到总出口初级产品的70%以上,2004年~2009年两者的年均增幅分别为18.5%和20.3%。制成品出口额占总出口额的30%不到,并且出现逐渐下降的趋势。

澳大利亚进口的商品以制成品为主,制成品进口占到总进口额的70%以上。另一方面,尽管初级产品进口额在总进口额中的比重不高,但近年来有上升的态势,从2004年的15.12%不断上升到2009年的19.11%。进口的初级产品中,60%以上为矿物燃料,其次为食品及供食用的

【澳大利亚经济】

　　澳大利亚的企业是应用信息技术的大户。就规模而言，澳大利亚的电信与信息技术市场名列亚太地区第三位，全球第十位。

活动物，大约占进口初级产品的20％。澳大利亚进口的制成品中，机械及运输设备占50％以上。

　　（3）旅游及运输服务受金融危机影响较大。服务出口中，旅游出口占到总出口的50％以上，而运输出口排在服务出口的第二位。2009年受金融危机影响，两者都有较大变动。2009年旅游出口上升到近10年来的最高水平，为58.14％；而运输出口则下降到近10年来的最低水平，为14.83％。在服务进口中，旅游和运输占据了总服务进口额的60％以上。2000年～2009年旅游服务年均占总出口的比重为35.13％。

　　总之，消费需求在澳大利亚经济总需求中占据的比重最大，是经济增长最大、最稳定的动力。2009年，在最终消费中占据主要份额的居民消费对经济拉动作用下降，随着政府消费对经济的拉动作用提升，消费需求依然是经济增长的主要动力。投资对经济

增长的拉动作用呈较大波动状态,是经济波动的主要因素。由于受国际经济环境影响,投资中的固定资产投资和存货投资在不同阶段有较大的波动,是经济增长的不稳定因素。2009年私人固定资本投资下降,政府对交通通信的投资增大。尽管净出口在GDP的份额不大,但是澳大利亚是个对外依存度较高的国家,净出口对经济增长的贡献率值得关注。

第二章　澳大利亚货币政策探秘

　　澳大利亚的财政政策由联邦政府的财政部门负责制定和执行，而货币政策的制定和执行则是澳大利亚储备银行的职责。尽管管理机构不同、内容不同，方式也不同，但这两种政策的目标都建立在相同的基石上，那便是：促进国家经济增长和保障澳大利亚人民的福利。

一家公司如果鼓励革新，就必须接受这样一个事实：不一定每一个可接受的设想最终都会被采纳。事实上，一个富有创新精神的新计划提出来时往往会使人兴奋不已，可是试行后可能会令人失望。

年龄和冒险精神之间，存在一种关联。经验越丰富，人就越谨慎；财富越多，人就越想求稳，这是人性的基本组成部分。你这辈子获得的成功越多，就越想躺在功劳簿上睡大觉。

虽然你还是原来的你，但是你发现自己已经变得不那么愿意承担风险，也不那么争强好胜了。你可能发现自己身上增添了不少循规蹈矩、稳扎稳打、步步为营的倾向。

第一节　澳大利亚的财政政策

澳大利亚的财政政策由联邦政府的财政部门负责制定和执行,而货币政策的制定和执行则是澳大利亚储备银行的职责。尽管管理机构不同、内容不同,方式也不同,但这两种政策的目标都建立在相同的基石上,那便是:促进国家经济增长和保障澳大利亚人民的福利。

【澳大利亚经济】

旅游业是澳大利亚最重要的产业之一。旅游业每年消费730亿澳元,雇用人数占总就业人数的5.7%,旅游收入在澳大利亚出口总收入中的比重超过11%。

澳大利亚财政制度由财政部门下的国库部和财政部两个部门进行组织管理。联邦政府、州政府和地方政府则负责全国财政

的收入和支出,这三级政府的责权覆盖范围、支出项目以及财政的资金来源各不相同。其中联邦政府和州政府都属于主权政府,在财政方面,澳大利亚拥有7种税制和7个预算。

一、澳大利亚政府的财政活动

政府部门是财政政策的执行主体,在分析澳大利亚的财政政策之前有必要先了解它的政府结构。澳大利亚是联邦国家,它的各级政府相互独立又联系紧密,呈现较为复杂的体系。其中财政制度的组织管理机构是澳大利亚的财政部门。

(一)澳大利亚的政府结构

在政治体制方面,澳大利亚呈现出非完全意义的三权分立。三权分立是指立法权、司法权和行政权之间要相互独立、互相制衡。澳大利亚立法机构是议会(包括参议院和众议院);司法机构包括警察和各级法院;行政机构中的内阁主要从议会中产生,是从下议院多数派政党中选举

出来的。澳大利亚主要党派有自由党、工党、国民党和绿党。在这相互独立的三类机构之中，行政机构是财政政策的执行部门。

在澳大利亚国民经济核算体系中，国家统计局又将政府的行政机构分为三个级别：联邦政府、州政府(6个州和2个领地)和地方政府(约863个)。其中，联邦政府和州政府属于主权政府，

> **【澳大利亚经济】**
>
> 90%以上与旅游相关的企业平均雇用约20名员工，其中多数是年轻人以及来自非英语背景的人士。由于旅游消费的48%发生在各首府城市之外，旅游也是澳大利亚所有州和地区的关键经济部门。2004年，澳大利亚入境游达520万人次，比前一年增长了10%。

拥有自己独立的议会、预算、税制和收支领域，所以在财政方面，澳大利亚拥有7种税制、7个预算。而第三级别的地方政府并不属于主权政府，它的资金主要来源于联邦和州政府的转移性支出。概括来说，澳大利亚实行的是分税、分级财政管理体制，并且通过规范的财政转移方式，形成覆盖全国的财政系统。在这个系统中，各级政府各司其职，在政府开支中表现不同的重要性。联邦、各州政府之间的实权划分十分清晰明确。

澳大利亚主要由三级政府负责全国财政的收入和支出，而这三级府责权的覆盖范围各不相同，支出项目不同，财政的资金来源也有所分别。联邦政府主要负责国家级别的事务，如国防和对外援助，以及社会保障中养老金、失业和疾病救济金的发放。其资金主要来源于各项税收，如个人和公司收入税、商品和服务税、消费税。州级政府主要负责本州内的公共产品和服务，如教育、健康等。资金来源于联邦政府的转移性支付、工薪税、印花税。地方政府负责的范围一般只限于本地，主要是地方城市规划方面。它的资金来源于联邦和州政府的转移性支出、地

【澳大利亚经济】

二战后,澳大利亚能源供应发生了变化,第一次是石油受益,第二次,在两次石油危机后,煤炭受益。煤和褐煤占能源总量的70%,石油和天然气占28%,电力资源为3%。澳大利亚是经济合作与开发组织成员国中的五个能源净出口国之一。

税以及服务收入。在澳大利亚的政府支出中,联邦政府和州政府占据的比重几乎相等,地方政府所占比重较小。

(二)澳大利亚财政伪组织管理机构

澳大利亚财政制度的组织管理机构是澳大利亚的财政部门。1976年,澳大利亚政府为防止权力过于集中,将财政部门分为两个部门:国库部和财政部。

国库部(Department of Treasury)负责的内容包括:预测分析国家的经济形势、编制财政收入预算、制定税收政策、进行税收征管、发行国债、制定财政政策等。国库部为澳大利亚提供了良好的宏观经济环境,高效的政府开支和税收政策安排以及完善的市场体系,提高了澳大利亚人民福利。

财政部(Department of Finance)主要负责执行国库部的财政预算。负责的内容包括:支出财政预算、拨付财政资金、提供详细准

确的财政资金支付使用信息(决算)及有关建议。财政部内包括6个组，这6个组分别是资产管理和议会事务组（Asset Management and Parliamentary Services）、澳大利亚政府信息管理办公室（Australian Government Information Management Office）、预算组（Budget-Group）、首席营运组（Chief Operating Officer Group）、管制组（Deregulation Group）、财务管理组（Financial Management Group）。

澳大利亚的国库部和财政部彼此独立、彼此配合,组织管理着澳大利亚的财政政策。同时,它们与澳大利亚联邦审计总署之间也是相互独立的。通过部门间的相互独立、相互监督、相互制约,权力的平衡得以实现。

二、澳大利亚历届政府的财政政策

澳大利亚财政政策的发展经历了几个阶段,每个阶段政策的实行都和当时国内外的经济和政治环境分不开。下面介绍20世纪70年代以来澳大利亚政府所采取的财政政策。

（一）惠特拉姆时期（Whitlam）：温和的财政政策(1973—1976)

1973—1974年,澳大利亚经历了强劲的经济增长。新成立的惠特拉姆工党政府制定的财政目标本是积极的财政改革计划，但考虑到经济形势良好,便没有再对需求加压。该年度财政预算盈余。

1974—1975年,澳大利亚的需求减弱,失业率增加,通货膨胀持续存在。该年度政府工作的重心放在了社会保障事业上,增加了健康、教育等方面的投入。所以财政出现了支出大幅增加、

【澳大利亚经济】

直到19世纪60年代,澳大利亚还主要依赖进口石油。1961年在昆士兰南部的墨涅发现了第一个用于商业生产的油田。1964年开始正式生产。与此同时,其他油田相继被发现,如巴罗道油田、吉普斯兰大陆架油田、贡加拉油田、墨里涅和油田、棕榈峡谷油田以及阿尔顿和墨涅油田等。

预算盈余减少的情况。

1975—1976年，尽管通货膨胀率和失业率居高不下，但私营部门出现了复苏的早期迹象。政府为了减少通胀压力，促进私营部门的发展，采取了居中温和的财政政策，既不过于宽松，以免加速通货膨胀；也不过于紧缩，以免使产量下降失业率上升。该财政政策在实施的过程中，消灭了财政赤字。

（二）弗雷泽（Frazer）时期：抗击通货膨胀（1976—1983）

1975年弗雷泽自由党政府上台，导致了财政政策发生较大变化。这段时期财政的主题是"节约开支和减少赤字"，采取的是紧缩的财政政策。1976—1977年的财政预算案表示，为了恢复充分就业，并让澳大利亚在可持续的基础上再次运转起来，最直接的方法便是消除通货膨胀。对于澳大利亚曾经经历并仍在经历的通货膨胀，需要用财政货币政策来控制它。为了达到减少通胀的目标，弗雷泽政

府主要采取了如下措施：

1977—1980年，财政预算案的目标是进一步减少支出、降低税收、减少赤字，并且承诺预算支出保持零增长，以减少税收负担。

1981—1982年，财政预算案除了持续原有的政策，减少支出以外，还通过财政政策来促进私营部门的发展。政府采取的相应措施是加强财政政策与利率之间的联系。关于利率的上升，预算案对此的解释为"如果要缓解通货膨胀的压力，又不损害私营部门的利益，当务之急是要减少各级政府的借贷需求"。

1982—1983年，政府持续实行紧缩性的财政政策。但是由于政府大规模增加了社会救济和援助给需要的民众，该年度财政赤字的规模大幅度上升。

（三）霍克（Hawke）时期：刺激经济增长（1983—1985）和减少赤字（1985—1991）

1983年霍克工党政府上台，新政府针对当时经济衰退的现

状采取了刺激经济的财政措施。财政政策的目的由原来的"首要抗击通货膨胀"转变为"同时应对通货膨胀和失业问题"。为了促进经济发展,主要采取如下措施:引入价格和收入协议、改革产业政策、降低商业保护、改革竞争机制、改革税收制度、改革金融市场以及改革汇率制度等。霍克工党政府实行的扩张性财政政策促进了经济增长,但也存在风险。比如:大型公共部门借款需求会对利率造成不利的影响;加速通货膨胀;出现国际收支不平衡。1983—1985年度,澳大利亚的财政预算出现了大幅赤字。

1985年,日益增加的债务负担所造成的外部失衡已经成为威胁澳大利亚经济的主要问题,于是霍克政府财政支持的焦点转向"改善预算平衡",减少澳大利亚对海外借贷的依赖。财政预算案指出可以通过减少赤字来促进经济发展。具体步骤主要分为三步:第一步,释放澳大利亚的储蓄来加强本地商业融资,促进出口的发展;第二步,减少公共

部门的需求,降低对进口的依赖;第三步,通过还款以减少海外债务的额度。从1985年开始,预算案坚持通过该三步曲减少赤字。通过该措施的实施,税收收入占GDP的比重没有增加,政府支出占GDP的比重也没有增加,但预算赤字占GDP的比重降低了。为减少赤字,政

府在实行三步曲的同时,还减少了支出和借贷。具体来说,政府通过调整外部冲击,降低通货膨胀和保持国际竞争力;同时抑制国内需求的增长,以增加净出口;减少国内支出,增加国内的储蓄。在该措施的实施下,1987—1988年度,澳大利亚的国际收支呈现平衡的状态。1990年,政府开始实施"改善预算平衡"的中期财政目标,以减少与主要贸易伙伴之间通货膨胀的差异,在保证产出和就业增长的同时,稳定外部债务占GDP的比例。为实现该目标,政府继续实行紧缩的财政政策。

（四）基廷（Keating）时期:促进国民储蓄（1992—1996）

　　1992—1993年,基廷工党政府上台。澳大利亚处于经济衰退期,财政政策的目标是"发挥财政坚定明确的作用,刺激短期的经济活动"。在扩张性的财政政策的刺激下,预算赤字达到GDP的4%,为30年以来的最高值。

　　1993—1994年为缓解如上问题,澳大利亚财政政策指向通过提高公共部门的储蓄,继续促进经济复苏和就业增长。在该项政策下,1995—1996年度澳大利亚的预算出现了大幅逆转,财政预算盈余1.29亿澳元,占当年GDP比重的2.8%。

【澳大利亚经济】

自20世纪80年代以来,澳大利亚石油生产一直稳步增长,到2000年达到顶峰,为每天生产原油8.05亿桶。然而在2003年,骤降至约6.31亿桶。2006年,澳大利亚每天原油产量为5.62亿桶。截至2007年1月,澳大利亚已探明的石油储量为16亿桶。

（五）霍华德（Howard）时期：制定诚信预算章程（1996—2007）

1996年霍华德自由党政府上台,当时澳大利亚在经历了数年经济增长以后,财政仍处于赤字的状态,同时对外资储蓄依赖过大。对于这一现状,霍华德政府提出要进行财政整顿。新政府提出"诚信预算章程（Charter of Budget Honesty）",要求政府部门公开陈述财政政策策略。霍华德政府的财政策略,作为一个指导原则,使预算在经济周期中维持基本的平衡,保证联邦预算并不完全依赖于私营部门的储蓄。

诚信预算章程考虑到经济风险对联邦财政造成的影响,主要采取能平滑经济周期波动的财政政策。这项财政政策在1996—2007年保持不变。以支出为中心的财政整顿使得预算在1998—1999年度重新出现盈余。

（六）陆克文（Kevin Rudd）时期：以恢复财政盈余为目标（2007—2010）

2007年,陆克文工党政府上台。该政党认为澳大利亚的经济发展遇到了一些阻碍,若想继续保持过去的增长水平,需要进行更大的投资。同时,尽快地控制住通货膨胀也是该政府的重要财政目标。陆克文政府通过以下一系列政策途径以保持澳大利亚经济的长期繁荣:严格控制政府机构的开支;政府预算的制定原则是要有助于减缓短期通胀压力,并且能够提高生产力;扩大对基础设施建设的参与程度,加大基础设施投资。2010年5月7日,陆克文政府又进一步阐述了其新的财政政策目标,认为财政预算要以恢复盈余为目标。

澳大利亚的财政收支结构

澳大利亚的财政收支结构可以从财政收入、财政支出的类型和规模以及政府间的转移支付三个方面进行阐述。其中财政收入主要来自于联邦政府、州政府和地方政府的税收。财政支出则包含广泛,由各级政府各司其职,进行管理。

（一）财政收入的类型和规模

澳大利亚联邦政府的财政收入主要包括税收、费用和罚金、财产收入、政府融资、其他收入及捐赠等;州政府的财政收入主要来自联邦政府的转移支付(占40%~60%)以及各种州税收;地方政府由各州依法设立,财权很小。澳大利亚政府的主要财政收入来源是税收收入。澳大利亚是一个高税收国家,联邦政府税务局负责税收管理。

【澳大利亚经济】

澳大利亚是世界上最大的粮食生产国之一,尽管其拥有世界上最低的土地可耕种率。传统上,农业是最为广泛的经济活动,其资本受益率也可与美国和加拿大相媲美。然而,国内需求对农业的影响远远比不上国外粮食进口国家的影响。从国内来看,农业部门的机构性劣势损害了农民的收入和盈利。农村地区也面临着年轻人口的外移以及经济机会下降等问题。

从税收类别的角度分析，所得税占据了澳大利亚税收收入的最大一块，所得税在税收总额中所占的比例在2003—2004财年就达到56.63％，以后逐年增加，2005年以后稳定在59％以上。商品和服务税（GST）是第二大税收来源，2008—2009财年的数据显示，当年度GST占税收总额的比重达到25％。财产税、员工福利税、货物使用活动绩效税分列税收来源的第3、第4、第5位。2008—2009年度它们占税收总额的比例分别是8.2％、4.9％、2.4％。

从征收主体的角度分析，澳大利亚的税收主要分联邦税、州税和地方税，澳大利亚各级政府覆盖的税收收入范围各不相同。（1）联邦税收：联邦税收是澳大利亚税收的主体。在2008—2009年度，联邦政府的税收收入达到2780亿美元，在国家税收总收入中占据了82％的份额。澳大利亚税收的主要特点是联邦政府征收了国家所

有的所得税（约占联邦收入的75%），除此以外它还征收其他的税，如商品和服务税（GST）、预提税、退休基金保证金、关税、消费税等。（2）州税收：在2008—2009年度，州政府的税收收入在国家税收总收入中占据了15%的份额。主要包括：财产税、工薪税、土地税、印花税以及博彩税等。其中，财产税是州级政府的最大税收来源，2008—2009财年的数据显示，财产税占州税收总额的33.6%。（3）地方税收：地方政府财权很小，2008—2009年度其税收收入在国家税收总收入中占据3%的份额。财产税是地方政府唯一的税收来源。

从财政收入规模的角度分析，与2007—2008年度相比，2008—2009年度的税收收入降低了2.7%，即94亿美元。其中所得税降低的幅度为3.5%，即72亿美元。财产税降低了10.4%，即32.41亿美元。联邦政府的财政收入同比下降了2.7个百分点，即76.7亿美元。州级政府的税收收入在2008—2009年度也有所下降，由上一年度的531.3亿美元下降为506.27亿美元，下降幅度为4.7%。地方政府的税收收入2008—2009年度呈现上升的趋势，由上一年度的101.28亿美元上升为108.74亿美元。

（二）财政支出的类型和规模

从支出类型角度分析，澳大利亚的财政支出主要包括国防、公共秩序、教育、医疗、社会安全、住房、娱乐、农业和交通等方面。从支出规模结构角度分析，2007年澳大利亚财政支出达到2675亿澳元，其中39.8%用于社会福利，

【澳大利亚经济】

虽然澳大利亚只有6%的土地适合农作物或饲料生产，但这些土地却具有重要的经济价值。小麦占可耕种面积的一半，饲料和其他谷物占25%。小麦大量种植在东南部和西南部地区。燕麦、大麦、黑麦、干草和饲料业很重要。稻米主要集中在马兰比季河流域和北部地区。甘蔗种植主要集中在昆士兰州的沿海地带和新南威尔士州的里奇蒙地区。主要水果产品有菠萝、香蕉、番木瓜和橘子。主要的葡萄酒产地是南澳大利亚州的巴罗萨峡谷、新南威尔士州的猎人峡谷以及维多利亚州的路德格林地区。这里生长着许多品种奇特的葡萄，尤其是墨累河谷，是葡萄干的产地。

达到1064亿澳元。对政府机构转移支付的比例达到政府财政支出总额的25%，为679亿元。从支出主体角度分析,澳大利亚各级政府支出有依据明确的事权划分。澳大利亚国家和州政府支出组成:(1)联邦政府支出。联邦政府主要负责国家级别的支出,如行政、国防等支出,对州级政府的一般性转移支出,社会福利等专项转移支出。联邦政府在国防和社会安全的支出方面占据重要地位。(2)州政府支出。州级政府主要负责健康、教育、环境等支出,尤其重视公共秩序、住房和交通方面的支出。联邦政府负担了全国的大部分公共教育经费,目的是保证各级政府在公共教育方面的服务能达到同一水平。教育管理职能是通过对州政府的财政转移支付来实现的,具体的教育事务由州和地方政府负责。(3)地方政府主要是社区服务等本地化支出,地方政府对教育、健康等方面较为重视。

（三）政府间的财政转移支付

根据上文的分析，发现澳大利亚各级政府财政收入和支出之间并不平衡。这一问题，澳大利亚是通过联邦政府对州政府进行转移支付来解决的。澳大利亚财政转移支付的目标为：推动统一、有序的国内市场的形成，促进经济、文化、社会等各项事业的协调发展。究其根本，便是达到"横向的财政

均衡"。澳大利亚政府的观点是不论公民处于哪一州，只要他缴纳了所得税，他就有权利享受均等化的公共服务水平。所以当州政府出现"纵向的财政失衡"，即所拥有的财力和支出不协调，只要该州政府在管理效率方面达到了平均努力程度，它就有权利获得财政转移支付，使它的财政能力能够担负其民众获得全国平均的公共服务水平。

【澳大利亚经济】

　　与谷物相比，豆类作物的种植历史要短的多。20世纪50年代，澳大利亚开始种植豆类作物，但直到20世纪80年代才形成比较有影响的产业。2008年，种植豆类作物的土地面积约为124万公顷，产量为160万吨。在所有豆类作物中，澳大利亚羽扇豆最受欢迎，澳大利亚已经成为世界上羽扇豆最大的生产国和出口国。

　　澳大利亚政府间财政转移支付由联邦拨款委员会（Commonwealth Grants Commission）负责。作为独立性的政府咨询部门，联邦拨款委员会拥有一套较为复杂、考虑各方面因素的模型，他们使用该模型来计算每个财政年度进行转移支付的额度。委员会每5年计算一次人均财政收入和支出水平，作为转移支付的依据。

　　澳大利亚的转移支付有两种类型：一般性财政转移支付和特定转移支付。它们的主要区别是一般性财政转移没有限制支出的类型，州政府可根据需要自行决定；特定转移支付则相反，必须将费用用在指定用途。

　　1．一般性财政转移支付

　　一般性财政转移支付中最为重要的部分便是商品和服务税（GST）的转移支付。GST是在1998年澳大利亚的税制改革中提出

的,其内容为:联邦政府对商品和服务加征10%的消费税,然后将全额悉数转移给6个州,在各州间分配的原则是均等化各州收入,减小差异。联邦政府通过征收GST并进行财政转移加大了对各州财政的掌控力度,也促进州际的公平性。2008—2009年度,澳大利亚联邦政府转移的GST达到751.41亿美元,占当年国家财政收入的比重达22.17%。

【澳大利亚经济】

澳大利亚小麦种植已有200多年的历史,但直到100多年前,才真正得到快速发展并能出口。2003—2004年度澳大利亚约有3万农场主从事小麦生产,使用了适于农作物生长的农业耕地的一半。2003—2004年度小麦生产总值为56亿澳元,占整个农场生产总值的15%。同年度海外销售超过34亿澳元。小麦是澳大利亚最有价值的出口商品,在世界小麦市场上扮演举足轻重的角色。

除GST转移支付以外,一般性财政转移支付还包括:国家竞争政策款、政府预算平衡补助款、特定收入补助款、地方政府财政补助款(支付给地方政府)等。

2.特定转移支付

特定转移支付主要是对特定工程和项目的补助。为了达到国家的某项目标,特定转移支付一般按照签订的协议发放。澳大利亚宪法第96条规定,通过特定转移支付,联邦政府将其部分管理权限转移给州及地方政府。每个年度的特定转移支付一般占据澳大利亚全国财政收入的40%左右。

四、澳大利亚的税收制度

澳大利亚实行的是分税制。联邦、州和地方三级政府的税收权限不同,税收范围也不同。经过近百年的发展,澳大利亚的税收制度逐渐形成了自己的体系。其中最值得关注的是1996年澳大利亚的全面税制改革,它奠定了当今澳大利亚税收制度的基础。

(一)澳大利亚税收制度的演变

澳大利亚自1913年征收税负开始,其税收制度经历了近百年

【澳大利亚经济】

随着20世纪早期小麦产量的增长，要求有相应的服务业给予支持，于是形成了产业的第一次优化。目前，作为一个相对成熟的产业，小麦工业包括许多组织和机构，从各个方面对小麦的生产、加工和市场化进行管理和运作，主要任务有进行研发、谷物交易、农艺学研究和市场服务、信息服务或消费者服务以及提供质量标准等。严格的质量控制是维持产业水准的基础，因此，要为小麦种植者提供指导并为其划分新品种。

的发展历程。根据其演变过程，澳大利亚税收制度的发展分为如下三个阶段：

1. 税收制度的初级阶段（1913—1984）

1913年，澳大利亚联邦政府正式开始向其居民征收税款。1942年，澳大利亚统一了税法，实行《澳大利亚所得税法》。同年税制也做了重大变革，即规定各类所得税都由联邦征收。第二次世界大战结束后，联邦政府新增了销售税、娱乐税、雇佣税、印花税等税种。20世纪70年代初，联邦政府将雇佣税划拨给各州进行征收，并且扩大了征税的范围。

这期间澳大利亚的税种主要有三大类：一是直接税。包括公司所得税和个人所得税，这是税收的主体，1942年以后由联邦政

府全额征收。二是间接税。包括货物税、销售税和关税。三是其他税。包括雇佣税、遗产税、财产税、赠与税、印花税,这部分税收占总税收的比重极小。

直接税是政府税收的主体,占联邦税收总额的75%,占政府税收总额的57%(1980—1981年度数据)。随着时间的推移,直接税的比重逐渐增加,间接税的比重逐渐减小。直接税中,公司所得税的比重逐渐减少,个人所得税的比重逐渐增加。

2. 税收制度的局部改革阶段(1985—1995)

从20世纪中期开始,澳大利亚政府开始对税收制度进行局部改革。改革分别发生在1985年和1993年,其中前者改革的幅度比较大。

1985年,工党政府总理霍克进行税制改革,主要措施分为三个方面:一是削减个人所得税;二是减少批发税;三是将原来对零售商征税改为向生产性公司征税,以此防止逃税行为。从1955—1985年,所得税平均税率从10%上升到25%,使得纳税人尤其是中等收入的纳税人负担过重。霍克政府的税制改革希望能解决该问题,但改革政策并没有彻底改变直接和间接税,只是减少了直接税和间接税的纳税额度。这是局部性的,涉及面小,力度也不大,并没有彻底改变直接和间接税。

1993年,工党政府总理基廷也对税制进行了改革。主要措施为提高销售税和燃料税。

【澳大利亚经济】

19世纪澳大利亚开始了小规模的棉花种植。19世纪50年代,昆士兰州的一些农民同其他作物一起种植旱地棉花,19世纪60年代随着美国内战的进行,美国棉花产量下降导致世界棉花价格高涨,在这样的背景下,澳大利亚农民开始大规模种植棉花。10年后,年产量超过5000包。20世纪20年代,澳政府引进一套机制推进棉花生产。该套机制略有成效,1924—1925年,新增6000家农户种植大约4万公顷的土地,生产出1.3万包棉花。1926年昆士兰州设立棉花委员会来规范棉花市场。1934年,昆士兰州棉花产量达到1.7万包。但这仍然不能满足当地纺织业的需求。二战后,其他作物的高昂价格以及劳动力的再次短缺导致棉花产量逐渐下降。

【澳大利亚经济】

澳大利亚水域含有丰富的海洋生物，但每年的捕捞量却相对很小，如2002年为233350吨。超过85%的出口水产品为有壳类动物，尤其是扇贝、小虾、龙虾、牡蛎和鲍鱼。市场上的海鱼包括鲨鱼和鳐、飞鱼和金枪鱼、胭脂鱼、南部金枪鱼和玉梭鱼。自19世纪以来，北部海域就一直出产珍珠和螺壳。达尔文、布罗姆和星期四岛是珍珠生产中心，但现在在澳大利亚—日本合资企业中，人工饲养珍珠更为流行。直到20世纪70年代，澳大利亚同意响应跨国努力，维持鲸鱼数量而停止了大部分的捕鲸活动，而之前它是主要的捕鲸国之一。

该项改革增大了财政收入，但是以提高商家的成本为代价的。

3. 税收制度的全面改革阶段(1996—2010)

1996年，霍华德自由党政府上台后，澳大利亚进入全面税制改革阶段。1997年11月6日，联邦、州及地方的总理、首席部长以及财长举行会议，一致同意对澳大利亚的税制进行根本性的改革。1999年，政府通过了《商品和服务税法案》、《资本津贴法案》和《新税制法案》。同年2月22日，又实施一系列完整措施以减少避税的机会。商品服务税(GST)的实施是该次改革的重心。2000年7月1日开始实行GST，取消批发税，税额为10%。

此次税收改革主要包括以下8项内容：

(1)调整个人所得税税率。改革后应税收入梯级没有变，仍然为4级；最低起征点上调为6000澳元；最高档上调为60000澳元；将20001～50000澳元的收入归于一档，征收30%的所得税；对50001澳元～60000澳元的收入新增一

档，征收42%的个人所得税。

（2）取消批发销售税。澳大利亚分两阶段取消批发销售税：第一阶段从1999年7月29日—2000年7月1日，许多商品征收的税率由原有的32%下调至22%，珠宝和毛皮除外。第二阶段从2000年7月1日开始，取消所有批发税。

（3）对在澳消费的大部分商品和服务征收10%的商品和服务税。

（4）对商家和投资者实施一种综合而又灵活的付税制，以取代包括预付工薪税制、预定支付制、报告支付制、临时税和公司分期付税制在内的税收。

（5）扩展"柴油燃料折扣方案"。

（6）征收豪华车税和酒平衡税，用以抵补取消的批发销售税。

【澳大利亚经济】

所谓水产业是指养殖和管理水生植物和动物用于商业、娱乐和科学研究等目的。水产业包括鱼、软体动物、甲壳类动物和水生植物，也包括其他产品如提供水产运作，用于制药和化学制品，水产装饰，钓鱼运动以及鱼饵生产等。大量证据表明，4000到200年前，土著居民已经可以造暗礁用于捕捞和养殖鱼类。而随着白人殖民者的到来，也带来了更多的养殖技术。早期殖民者主要关心的是如何从海域里获取资源为日益增加的人口提供食物，如何收集牡蛎壳用于石灰生产以及如何采集珍珠（主要用于纽扣生产）等活动。

（7）更改对酒精征收的货物税。

（8）慈善团体若想成为折扣商品收受者或免除收入税，须得到批准。

新税法实施受益最大的是个人和家庭。个人所得税税率的调整使约80％的纳税人按30％以下的最高边际税率缴纳税收。同时取代批发税的商品和服务税并不意味着所有物价将上涨10％，许多商品和服务可免除商品和服务税，比如大部分卫生、教育、地方政府税以及大多数食品等。由于实行了更好的税制，公司成本也会相应减少。

（二）澳大利亚的税收结构

澳大利亚实行的是分税制，联邦、州和地方三级政府分别对应了三级税收权限，分别覆盖不同的税收范围。澳大利亚税收的管理机构是联邦政府的税务局，该局在澳各州市都设有分局，不仅代表联邦政府征收税款，同时也为纳税人提供如何纳税的常识性帮助和指导。澳大利亚的纳税年度是每年的7月1日至第二年的6月30日。

1.联邦税收

联邦税收主要包括：个人所得税、公司所得税、商品与劳务税、退休金税、预提税、员工福利税、资源税和关税等几个税种。

（1）个人所得税（Personas Income Tax）：自2000年霍华德政府对所得税税率做了调整后，2006年7月1日，澳大利亚的税率又做了调整。

（2）公司所得税（Company Tax）：公司所得税是澳大利亚联邦税收中较为重要的一个税种。公司分为两类：居民公司和非居民公司。居民公司要根据其全世界的所得缴纳公司所得税；非居民公司只需要根据其在澳大利亚的所得缴纳公司所得税。2000年以前，不论居民公司还是非居民公司的公司所得税税率都为36%。2000年的税制改革后，为减轻企业的负担，该税率调整为30%。

（3）商品与劳务税（Goods & Services Tax，GST）：GST是2000年霍华德政府实行的税制改革中新纳入的税种，由联邦政府统一征

【澳大利亚经济】

　　20世纪50年代在西澳大利亚州建立了珍珠养殖基地。20世纪中期拖网捕捞很盛行,大鳖虾产地迅速扩大,明虾养殖从河口向沿海海域扩展;扇贝在塔斯马尼亚州形成为产业,而南澳大利亚州则经历了南部金枪鱼的繁荣时期。这一时期占据主导地位的是从海滩及海湾捕获澳大利亚斑鳟鱼、胭脂鱼等。20世纪70年代建立了商业鲑鱼养殖基地。20世纪80年代,水产业包含了悉尼的牡蛎养殖、珍珠养殖、彩虹鲑鱼和金鱼饲养。而同时,大马哈鱼、鲑鱼、对虾、小龙虾和鳄鱼的产量也有了不同程度的提高。

收,再通过政府间的转移支付转移给州政府。征收GST的目的主要是进一步提高财政的集中度,并平衡各州之间的财力水平。GST的纳税人包括自然人和法人团体,计税的依据是货物与劳务的销售收入(生鲜商品免征此税),税率为10%。采用的计算模式是世界上大多数国家采用的"增值税"模式,应纳税额=销售收入×10%-进项支出×10%。

　　(4)退休金税(Superannuation funds):在澳大利亚,退休金税是由雇主和雇员依法强制性缴纳的,税率为15%。该部分资金由政府特许的基金公司进行管理。

　　(5)员工福利税(Fringe benefits Tax):为了限制雇主向雇员发

放现金工资以外的福利,澳大利亚对雇主征收员工福利税。征收的对象是雇主向雇员提供的工资以外的福利额,税率为45%

（6）资源税（Petroleum Resource Rent Tax）:资源税是针对海上开采应税资源征收的一种税。应税产品包括:原油、天然气、液化天然气、凝析油、乙烷等。只要企业在200海里的海洋专属经济区内开采应税产品,就需缴纳资源税,税率为企业利润的40%。但征收资源税后免征公司所得税。

2.州税收

州税收主要包括:土地税、印花税、消费税、工薪税、机动车辆税、资源特许权使用税、银行账户税等。各州也有自己的税收来支持其提供的服务,税率一般根据州/地区的不同而不同。

（1）土地税（Land Tax）:土地税是对土地所有者（自然人或法人）征收的,农业地免征此税。土地税依土地价格计征,大部分州的税率为5%。

（2）印花税（Stamp Duty）:印花税是针对抵押贷款、证券买卖、不动产（机动车、房产等）买卖征收的税种,大部分州向买方征收。印花税采用超额累进税率,各州税率不尽相同。

（3）消费税（Excise Duty）:澳大利亚政府对烟草、石油、柴油、酒精及酒类、赌博等特殊货物征收消费税。征收对象是应税产品的生产和经营者。

（4）工薪税（Payroll Tax）:当雇员所得到的工资超过一定的限度,雇主就需要缴纳工薪税。课税对象为雇员获得的

【澳大利亚经济】

　　（澳大利亚）林业开放而透明,多年来一直受到密切的关注。包括1992年资源评估委员会（RAC）发表的《森林和木材工业报告》。1991年政府也提交了《维护生态林业发展报告》以及《国家造林咨询委员会报告》。1992年发表了《国家林业政策声明》,是联邦政府和州以及地区政府对前三项主要森业报告的联合响应。1997年到2001年间联邦政府和维多利亚州、塔斯马尼亚州、西澳大利亚州、新南威尔士州和昆士兰州等州政府达成了一系列《地区林业政策协议》（RFAs）,为林业管理和实施《国家林业政策》提供了基本框架。

工资和薪水。工薪税的税率在6%左右,州与州之间不尽相同。

　　(5)机动车辆税(Motor Vehicle Taxes):对拥有机动车的民众征收的一种税。

　　(6)资源特许权使用税(Resource Tax):资源特许权使用税是针对陆地上开采应税矿产品征收的一种税。应税产品包括:铁矿石、煤炭、原油、天然气等。税额从量计征,税率各州不相一致。

　　(7)银行账户税(Bank Account Debits Tax):银行账户税是银行储户取钱时须缴纳的税收。

　　3.地方税收

　　地方政府的财力较小,主要征收一些服务性的税收。所提供的服务包括:垃圾清理、公园维护服务、图书馆维护、博物馆维护,等等。

第二节　澳大利亚的货币政策

澳大利亚储备银行（Reserve Bank of Australia）是澳大利亚的中央银行，其主要职责为制定和执行货币政策。其中制定由银行内部的储备银行理事会负责，而执行由储备银行项下的国内市场部门负责。澳大利亚的货币政策的主要措施是通过制定现金利率（Cash Rate）来达到国内经济发展的目标。

一、澳大利亚的中央银行

澳大利亚的中央银行是澳大利亚储备银行，它是澳大利亚货币政策制定和执行的机构。澳大利亚储备银行依据澳大利亚1959年颁布的《储备银行法》成立，由澳大利亚政府全资所有，并向澳大利亚议会负责。

（一）澳大利亚储备银行的发展历程

澳大利亚储备银行的前身是澳大利亚联邦银行（Commonwealth Bank Of Australia）。1911年，澳大利亚立法建立澳大利亚联邦银行。1959年，《储备银行法》

（The Reserve Bank Act 1959）对澳大利亚联邦银行进行结构性划分，将其分为两个部分。澳大利亚联邦银行的企业组织部分单独划分出来，成立一个新的机构以执行中央银行的职责，这便是澳大利亚储备银行。同时原联邦银行中的商业和储蓄银行服务转到另一个新的机构，该机构保留了原有的名称，仍然被称为澳大利亚联邦银行。

澳大利亚储备银行的中央银行的职能并非与生俱来，它经历了多年的发展历程：1911年，第一部《联邦银行法案》（Commonwealth Bank Act 1911）规定：银行只具有商业银行和储备银行的职能，并不存在对中央银行汇付，也不具有发行货币的职能。银行由政府进行监管，货币发行由澳大利亚国库部进行管理。1920年，发行货币的职责由国库部转向了货币局。1924年，《联邦银行法案》进行修订，正式赋予银行发行货币的权力。从1924年到1945年，联邦银行开始逐渐发挥中央银行的职责。最初的体现是制定货币政策以应对澳大

利亚20世纪30年代初期的经济萧条。1945年,新《联邦银行法案》进一步增加了联邦银行的职能范围,规定了联邦银行拥有管理货币和汇率的权利,并制定了相应的银行制度。1959年,《储备银行法》的颁布使得澳大利亚储备银行成立,开始正式执行中央银行的职责。1983年澳大利亚的外汇管制被取消之后,储备银行开始采用市场的方式来执行货币政策,而不是由银行直接控制。同年,储备银行成立了专门的银行监督体系。1998年7月1日,银行监督体系的执行机构由原来的储备银行转向了一个新成立的机构:澳大利亚审慎监管局(Australian Prudential Regulation Authority,APRA),澳大利亚储备银行不再行使银行监管职能。1998年,修订的《储备银行法案》成立了一个新的支付系统理事会,以保障澳大利亚支付系统的安全性和有效性。同年颁布的《支付系统法(管理)法》以及《支付系统与净额结算法》(Payment Systems and Neaing Act)规定了银行这方面的权利。

(二)澳大利亚储备银行的主要职能

作为澳大利亚的中央银行,澳大利亚储备银行主要职责为制定和执行货币政策,其他职责包括维持金融体系的稳定,促进支付系统安全高效运行,参与金融市场,管理外汇储备,发行纸币和代理国库。澳大利亚储备银行还提供有关利率、汇率、货币和信贷增长的统计以及业务研究信息。

澳大利亚储备银行的职能和权力在议会法案——《储备银行法

【澳大利亚经济】

澳大利亚约有1.55亿公顷的原始森林,其中有4380万公顷封闭林和开放林。约2230万公顷封闭和开放林为私人或租赁所有,多用途林为1100万公顷,保护林为840万公顷以及其他种类的公共林210万公顷。多用途林主要用于木材生产,而每年的开采量不到1%,以及及时的育林补充,可以使本土硬木材和软木材得以永久供应。保护林则是永久性地不允许砍伐。

案(1959)》中有所规定。在该法案中,规定澳大利亚储备银行包括两个理事会:一是储备银行理事会(Reserve Bank Board);另一个是支付系统理事会(Payments System Board)。

储备银行理事会的职能主要是制定和执行货币政策,这在《储备银行法案》的第十(二)款和第十一(一)款中有详细的规定。第十(二)款中表明:"储备银行理事会的职责是制定和执行货币政策,其目的是最大限度地保障澳大利亚民众的福利。"第十一(一)款则表明了储备银行与政府之间的关系:"储备银行理事会需要将所制定的货币和银行政策及时告知澳大利亚政府。"除了制定和执行货币政策,储备银行系统还负责管理澳大利亚的外汇储备、向政府提供银行服务、设计制造并发行澳大利亚的货币。

支付系统理事会主要负责支付系统的安全和效率。它的职能在《储备银行法案》的第十(三)款中有所规定:"澳大利亚储备银行中的支付系统理事会在其权力范围内,需保证:(1)制定澳大利亚支付系统政策,以保障澳大利亚民众的福利;(2)1998年的《支付系统法(管理)法》和《支付系统与净额结算法》规定,支付系统需致力于:a. 控制金融系统的风险;b. 提高支付系统的效率;c.《公司法案2001》的7.3章节说明支付系统理事会需最大限度地促进澳大利亚金融系统的稳健性。与此同时,在保持金融系统稳健性的基础上,

【澳大利亚经济】

1788年,随着第一舰队的到来澳大利亚开始建立奶牛场。早期殖民者从南非引进了四头瘤牛,但他们得努力寻找适合饲养动物的牧场。1800年威廉·肯特引进了一些纯种牛,包括一头丹佛公牛和几头短角奶牛。早期奶牛场建在新南威尔士州的涅品和豪克斯伯里河流域。1815年后,向伊拉瓦拉河流域转移并在那建立了奶牛场,主要产品为奶酪和黄油,主要销往悉尼。19世纪末,新南威尔士的奶牛场向南移往贝加,向北移往里奇蒙和韦德等地区。维多利亚州开始建立奶牛场是在1835年菲利普港建成之后,随后在吉普兰和西部沙漠地区也建立了一些奶牛场。经过早期发展,到20世纪中期进入繁荣时期,1957年奶牛数量达到350万只。

提高支付系统服务市场的竞争力水平。"

（三）澳大利亚储备银行的组织结构

澳大利亚储备银行下设储备银行理事会和支付系统理事会。其中储备银行理事会项下包括金融系统组（Financial System Group）、经济工作组（Economic Group）、金融市场组（Financial Market Group）和货币印刷理事会（Note Printing Board）。支付系统理事会项下包括支付政策部门（Payments Policy Department）。

澳大利亚储备银行在国内设有四个区域性办事处：分别在南澳大利亚州、维多利亚、昆士兰州以及西澳大利亚州。区域性办事处主要负责分析地区经济情况，沟通货币政策执行情况等。澳大利亚储备银行在国内的分支机构只有一家，即堪培拉分行。分行主要负责银行及登记服务的操作性业务。较少的分支机构说明澳大利亚储备银行业务处理的集中化程度很高。澳大利亚储备银行在国外设立了两个海外代表处：分别是在伦敦设立的欧洲代表处、纽约设立的北美代表处。海外代表处负责与国外的中央银行、监管当

【澳大利亚经济】

　　奶牛场是澳大利亚最大的农业产业之一。2007—2008年度澳大利亚奶牛的牛奶产量为92.23亿升,产值约28亿澳元。每个州都建有奶牛场,在所有这些州中维多利亚州牛奶产量约占62%,新南威尔士州约占13%。

局和其他金融机构,如国际清算银行进行联络;监测所在地区的金融市场;进行外汇市场操作和国际储备投资。

二、澳大利亚的货币政策

　　澳大利亚在联邦政府成立之前没有自己的货币,当时通用西班牙、英国的货币。1910年,澳大利亚联邦宪法准许各地方发行钞票,这时澳大利亚伦敦银行、新南威尔士银行等多家银行开始发行澳大利亚镑。1920年,澳大利亚联邦银行成立了货币局,货币发行由该部门统一负责。1959年,新成立的澳大利亚储备银行开始履行货币发行的职责。澳大利亚货币名称为澳大利亚元(Australian Dollar),简称澳元。

　　在澳大利亚有了自己的货币以后,澳大利亚开始制定货币政策以对货币市场进行调控。现在由澳大利亚储备银行负责制定和

执行货币政策。

（一）澳大利亚货币政策目标

根据澳大利亚1959年《储备银行法案》中第10（2）款，澳大利亚储备银行的货币政策目标包括以下三点：

（1）维护澳大利亚货币稳定；

（2）维持充分就业；

（3）促进经济增长和保障澳大利亚人民的福利。

1993年以来，澳大利亚储备银行货币政策目标在实践中表现为：将消费价格指数（CPI）的年增长率维持在2%～3%，在此前提下，进一步促进经济强劲持续的增长。澳大利亚储备银行认为控制通货膨胀、维护货币价值稳定是货币政策的基石，这会为经济的长期增长奠定健全的基础。

（二）澳大利亚货币政策的运行机制

1．货币政策的制定

货币政策制定是澳大利亚储备银行的基本职能，制定的过程

> **【澳大利亚经济】**
>
> 　　今天，澳大利亚已是世界矿产和金属品的主要生产国之一，主要矿产品有铝矾土、钛铁矿、铅、独居石、金红石、钨和锆石等，同时澳在煤炭、钴、铁矿石、锰、镍和锌的出口上也居世界前五位。

【澳大利亚经济】

　　19世纪50年代的淘金热引发了第一次移民潮和迁往内陆地区的热情,一大部分淘金人口居住在西澳大利亚州著名的卡尔古列附近。20世纪60年代发现镍的大规模贮藏地,相继地,南澳大利亚州的伊安诺布地区、西澳大利亚州的锥形岛和科兰岛地区、塔斯马尼亚州西北部地区以及维多利亚州的吉普斯兰地区发现了铁矿石。

主要由储备银行理事会负责。澳大利亚的储备银行理事会由9名成员组成,包括:储备银行行长、副行长、财政部秘书长和其他6名由财政部部长任命的外部成员。理事会每年举行11次会议,时间分别为每月第1个星期二(1月份除外)。地点在悉尼以外的地方,但每年至少要在墨尔本举行一次会议。每次例会,储备银行理事会对澳大利亚国内经济发展、通货膨胀、国内的金融市场、国际经济情况等问题做出详细的报告,报告还包括所做出的货币政策决议。储备银行理事会根据以上的报告,对现金利率做出调整的决定并阐述原因。现金利率所做出的调整会在储备银行理事会会议的第二天上午9时30分在公共媒介(如澳大利亚储备银行的官方网站)上公布。

　　澳大利亚政府在本国货币政策的制定中所处的地位是：政府对货币政策保有知情权但没有参与权。这在澳大利亚《储备银行法案》的第十一条条款中有所规定。即在货币政策的制定过程中，储备银行可以不接受政府在利率方面的建议。这就保证了所制定的利率不含有政治目的，单纯的是为了促进澳大利亚经济长期可持续的发展。尽管政府不参与

【澳大利亚经济】

　　澳大利亚是铀的主要生产国，在南澳大利亚州和北部地区拥有大量的储藏。钻石产量在2002年达到3.36亿克拉，大部分来自阿格里矿，它是世界上最大的钻石矿之一。塔斯马尼亚州的贝尔湾出产铝锭铁，昆士州的维帕则出产铝矾土。新南威尔士州和昆士兰州煤炭矿藏丰富。

货币政策的制定，但储备银行理事会就货币政策制定的事宜会与当局政府定期会议。在每次储备银行理事会的例会结束以后，就会举行澳大利亚总理、副总理、财政部部长和储备银行行长、副行长及高级官员的该项会议。并且每年储备银行理事会都需要向政府和议会提交当年的《货币政策年度报告》。

2．货币政策的实施

澳大利亚货币政策的实施由储备银行下的国内市场部门负责。国内市场部门通过公开市场操作，使得"现金利率（Cash Rate）"（即市场利率隔夜拆借利率）符合或接近储备银行理事会所确定的目标现金利率。

世界上大多数国家货币政策的实施方式主要可以分为两种。其中一种货币政策的实施主要是盯准国际主要货币或者国际货币组合。这类国家没有实行浮动汇率制度，货币政策中很重要的环节便是对汇率进行制定和管理。一些较小的国家和地区实行这种货币制度。另一种货币政策的实施主要是为了满足国内的经济目标，通过中央银行对短期利率进行管理，以追求国内经济的发展和稳定。这类国家一般实行的是浮动汇率制度。澳大利亚在货币政策的实施方式属于第二种，货币政策的实施是为了达到储备银行理事会所制定的目标现金利率。

储备银行主要通过公开市场操作来影响"现金利率"。在每一次储备银行理事会例会后，若货币政策发生了变化，公开市场操作的目标便是使市场上的"现金利率"变动达到新的水平。因为"现金利率"是通过隔日基金的供求关系作用而由货币市场来确定的。这个目标通过对商业银行的资金调节来达成。具体来说，公开市场操作是通过中央

银行吞吐基础货币,管理货币市场中银行的资金供给,来达到一定的货币政策目标。国内市场部门的公开市场操作的主要方式有如下几种:(1)以回购协议和买卖政府债券的方式来维持现金利率水平;(2)通过常设信贷便利为银行提供资金来源;(3)通过外汇掉期(Foreign Exchange Swap)方式为银行融资;(4)通过在二级市场上购买长期债券,来为市场提供多样化的期限结构。

3. 货币政策对经济的传导作用

澳大利亚的货币政策的主要措施是通过制定"现金利率"来达到国内经济发展的目标。"现金利率"对国内经济活动的影响,是通过一系列较为复杂的机制的运行进而得以实现的。"现金利

率"的变化会带动存款和贷款及其他一系列利率随之发生变化,利率的变化对市场最显著的作用便是会影响储蓄和投资的行为,它还会使得房地产支出、信用供给、资产价值和汇率发生改变。这些变化最终会使整个国内市场产品的供给和需求产生变动。这样货币政策通过对利率的控制就可以对市场有整体的把握,从而达到货币政策的中期目标:在促进经济增长和保障澳大利亚人民的福利的基础上,控制经济领域的通货膨胀水平。

货币政策对经济的传导首先值得注意的是货币政策并非是立即见效的,它对经济传导作用的实现需要一个较长的过程。这是因为社会的各个经济体不论是个人还是企业,在面对利率变动时,都需要一个较长时间来调整自己的经济活动。货币政策传导到经济实体具有一定滞后性。所以澳大利亚储备银行在制定货币政策时,不仅需要斟酌当前的失业率、通货膨胀率和产出率等数据变量,还需要考虑这些变量的未来发展趋势。除此以外,还需将一些预测变量纳入考虑范围,比如说主要贸易伙伴的经济前景、海外利率(它可能影响汇率)、住房开工率(经济活动的主要指示器)、工资增长率和进口价格(通货膨胀的主要指示器)等。只有在综合考虑这些变量的基础上制定货币政策,才能得到正确有效的货币政策,达到所预期的经济目标。

其次在货币政策的实施过程中,并不是每一次货币政策对经济的传导作用都是有效的。利率对市

【澳大利亚经济】

现今,食品工业是澳大利亚经济的重要组成。食品占了澳大利亚零售业的45%,为地区经济发展如在就业、商业和服务等方面作出了重要贡献。食品工业部门的雇员有50万人之多,遍及澳大利亚11.1万家农场和企业。约80%的农业产值来自食品工业。澳大利亚在食品上的消费在2006—2007年度仍然延续着增长的趋势,增幅为8%,达到1060亿澳元。

场需求、通货膨胀这两个变量也曾产生不利的影响。在
1981—1982年度、1985—1986年度、1988—1989年度三个年度
中,储备银行均调高了利率,希望能抑制市场上的通货膨胀现
象。但在实际执行中,利率的上升在抑制通货膨胀的同时也减
少了市场的需求。1994年利率的微幅上升造成了需求增长的
下降。面对存在的经济发展周期以及通货膨胀的压力,货币
政策制定的原则是既能降低通货膨胀,又不影响市场需求。

(三)货币政策的透明度

澳大利亚的货币政策在透明度方面做得很好,公众信赖
度很高。澳大利亚储备银行向议会、政府和公众阐明了每一
个货币政策的制定和执行情况,对此澳大利亚主要采取了如
下措施:

(1)每次储备银行理事会的例会结束后第二天,即向公
众公布所制定的货币政策;

(2)每次储备银行理事会的例会结束两周后,即公布会
议备忘录;

【澳大利亚经济】

20世纪80年代末和90年代出现了许多新型食品产业,如新的水果和蔬菜品种,像亚洲水果和蔬菜、荔枝、橄榄和香草的引进提供了更多的市场机会。新的水产业如大西洋大马哈鱼和南金枪鱼的养殖是食品工业的另一新机会。最近,澳大利亚土著人食物重新引起了人们的兴趣,袋鼠肉和鳄鱼肉成为新的肉食产品。

(3)每个月发布一份《储备银行公报》,以及储备银行官员的讲话、统计数据和有关金融市场及商品价格的分析资料;

(4)每个季度发布一份政府报告,分析经济市场和金融市场的形势,对储备银行所做的货币政策决策予以解释;

(5)每年储备银行行长两次与众议院下的经济委员会、金融委员会和公共管理委员会举行会议,回答储备银行在货币政策制定和执行方面的有关问题;

(6)其他措施。澳大利亚储备银行与公众进行沟通。主要采取举办研讨会、发布学术研究信息等方式。

三、澳大利亚货币政策的工具

为实现其货币政策目标,澳大利亚采取了一些工具辅助货币

政策的执行。其中,最主要的便是利率工具。澳大利亚储备理事会主要通过改变现金利率来影响现实经济。除了利率工具,汇率制度同样也是货币政策的一种手段。

(一)澳大利亚的利率制度

对利率的调整和控制是澳大利亚储备银行最基本、也是最重要的货币政策工具。从每次储备银行理事会

> 【澳大利亚经济】
>
> 食品加工和饮料生产是澳大利亚最大的制造业产业,营业额达500亿澳元,有3500家企业,雇员人数为191400。约50%的食品加工和饮料生产企业以及近40%的雇员位处农村和偏远地区。食品加工工业主要包括葡萄酒和其他饮料生产、肉食和乳制品生产、水果和蔬菜种植、面包焙制、糖以及糖果生产等。

例会公布的利率数据就可以看出当期澳大利亚的货币政策态度。货币政策的变化就意味着操作目标利率的变化。一般来说,目标利率提高意味着储备银行实行紧缩的货币政策,目标利率下降则意味着实行的是宽松的货币政策。

1.现金利率(Cash rate)

储备银行调控的目标利率是隔夜现金利率,这是货币市场上

各家机构之间进行隔夜贷款的利率。2002年～2010年1月,澳大利亚一直保持现金利率的稳中有升。在2008年金融危机的侵袭下,储备银行采取了宽松的货币政策,现金利率有很大的下降幅度。随着金融危机的逐渐缓解,澳大利亚的现金利率又开始出现上升的趋势。

2.现金利率的运行机制

澳大利亚储备银行理事会在每次例会中均规定现金利率的预期目标,希望该利率可以推动货币政策的实行,达到期望的经济目标。现金利率的运行机制较为复杂,是分步骤进行的。

第一步,现金利率会首先影响金融市场中的其他利率。现金利率的影响力十分广泛,会不同程度地影响经济活动中的其他利率,从而使整个金融系统中的利率复杂,是分步骤进行的。

第二步,金融系统中的其他利率会对总需求、汇率产生影响。市场整体利率的变化会影响金融市场上借款人和贷款人的借贷行为,澳大利亚的货币政策正是通过这样的方式最终达到对经济的影响。利率变动会影响市场总需求。首先,利率对总需求的主要影响是通过投资实现的,投资对利率非常敏感。当政府实行扩张的货币政策时,储备银行制定的现金利率会下降,这会带动金融市场的其他利率也下降。在市场利率下降的情况下,借贷成本的减少意味着投资会相应提高。因为总需求等于消费、投资、政府支出以及净出口额之和,所以当投资额增加时,市场的总需求也增加。其次,利率的变动会对汇率造成影响,从而影响总需求。在固定汇率的情况下,资本流动不会导致汇率变化,而且货币政策对经济生活的影响是小的。在其他条件都相同的情况下,本国利率的下降会导致资本从澳大利亚外流到其他利率更高的国家。资本的国际流动会对外汇市场造成影响,即外汇市场上对澳元的需求减少。澳元会发生贬值,汇率发生变化。但在固定汇率的情况下,资本流动不会导致汇率变化。但自从澳大利亚外汇市场解除汇率管制以来,汇率的变化便非常重要。澳元发生贬值会使得澳大利亚的出口品在国际市场上更具竞争力;而进口产品的澳元价格上升,会使澳大利亚的进口额减少。这会造成澳大利亚的净出口额上升,进一步增加对国内产品的总需求。所以扩张性的货币政策会刺激国内的总需求。

第三步,总需求的变化会对市场总产出和劳动市场造成影响。在扩张性的货币政策下,利率的下降导致市场总需求的上升,会进一步导致市场总供给的增加,即产出的上升。产出上升会增加厂商对劳动力的需求,进而影响劳动力市场。

第四步,利率的变化最终会影响产品的价格和货币的总量。当市场的总需求和总供给发生变化时,在市场作用下会产生新的产品价格。澳大利亚储备银行制定的货币政策会最终对价格增加产生适度的作用,并影响通货膨胀。所以利率制度可以帮助澳大利亚储备银行达到它所制定的货币政策目标。

根据上文的分析,澳大利亚的利率

【澳大利亚经济】

食品加工产业高度垄断。20家大食品加工企业占了整个食品工业营业额的一半。对于单个食品类型而言,往往是一两个大企业垄断着或分享生产和销售市场的1/2。零售市场的垄断更为严重,超过80%的销售仅由两个大零售商完成。

【澳大利亚经济】

　　澳大利亚食品在世界上以质量高、费用低而著称，由此带来了出口的增长，过去十年来年均增长率为7.5%，2006—2007年度出口额达到233亿澳元，占了澳大利亚整个商品和服务出口总量的15.8%。澳大利亚食品主要销往亚太地区，亚太经济合作组织国家消化了澳大利亚食品出口的67.8%。

制度会对经济造成影响。在联邦银行制定现金利率的过程中，最值得注意的问题便是在短期内要在通货膨胀和经济增长两者之间取得平衡。如果澳大利亚储备银行采取宽松的货币政策，一直把利率定得比较低，这在促进经济发展的同时，也会使通货膨胀压力增加；反之，若一直采取紧缩的货币政策，利率较高的话，通货膨胀率的下降又会以经济停滞为代价。所以储备银行制定合适的利率制度需要大量的经济信息和研究分析。

（二）澳大利亚的其他货币政策工具

　　除了利率制度以外，澳大利亚储备银行还使用了一些其他的货币工具，比如对法定储备存款（SRD）和流动性资产进行干预、公开市场业务等。

货币存量的一种定义经常被称为狭义的定义，认为货币存量就是基础货币；另一种定义认为货币存量是易于获取的、可用于开支或流通的资金总额，所以在通货的基础上又加上活期存款。澳大利亚储备银行可以通过对银行法定储备存

【澳大利亚经济】

澳大利亚葡萄酒以味美、价廉著称。澳大利亚葡萄酒生产范围很广，从干红到干白，从饭后甜酒到烈性酒都有。2005年位列联合国粮农组织葡萄酒生产第6位，产量为14亿升。2000年澳大利亚提出了一项十年市场战略——"十年市场发展规划"，明确提出2010年澳大利亚葡萄酒销售额要达到50亿澳元。

款（SRD）和流动性资产进行干预，火影响信贷市场。银行的法定储备存款是强迫性的，不能动用。流动性资产及政府债券两者之和不得低于SRD的一定比例。而法定储备存款和流动性资产合计也不得低于其存款总额的一定比例。通过对银行业系统适当地进行干预，澳大利亚储备银行可以调整市场上的信贷水平。储备银行可以影响银行SRD的比例。若SRD比例提高，则商业银行的放款能力缩小，银行就会减少其提供给市场的贷款数量，同时也会鼓励法定储蓄存款户多存现金。除此以外，储备银行还会采取劝告的方式来影响银行放款的数量和投向。但是由于这种干预行为是间接的，所以并没有利率工具对经济市场的影响力大。

公开市场业务（OMO）是指中央银行通过买进或卖出有价证券，吞吐基础货币，以达到调节货

币供应量的目的。与一般金融机构所从事的证券买卖不同,中央银行买卖证券的目的不是为了赢利,而是为了干预市场的货币供应量以及影响银行以外的金融中介的利率,最终传导到经济市场中,以影响社会生活和人民福利。这种交易的操作对象通常是证券交易所的经纪人或者是被认可的短期货币市场经理人。与其他货币政策工具相比,公开市场业务在主动性、灵活性和时效性等方面有较好的特性。

(三)澳大利亚的汇率制度

澳大利亚实行的是自由浮动汇率制度,在该汇率制度下,汇率完全由市场供求决定,政府不会采用干预的手段实现特定汇率。所以在澳大利亚,汇率制度并不作为调整货币政策不平衡的主要手段,但澳大利亚储备银行会采取一些纯粹影响汇率的外汇干预,还会进行外汇市场的日常操作以对外汇储备进行管理,这同样会对货币市场造成影响。所以本章也将澳大利亚的汇率制度纳入货币政策工具

之中。

1. 汇率制度的发展历程

澳大利亚的汇率制度并非从一开始就是浮动汇率制度,它的汇率制度的演变主要经过以下三个阶段:

(1)固定汇率制:1931年12月—1976年11月。在这段时期内,澳元实行的固定汇率表现为三种不同的盯住汇率制度。第一种是盯住英镑:从1931年12月—1967年11月间,澳元实行盯住英镑的固定汇率制。澳元的汇率固定在1英镑兑2.5050澳元,并随着英镑的浮动而对其他货币浮动。第二种是盯住美元:20世纪60年代开始,特别是英镑贬值之后,澳大利亚银行外汇业务中美元所占比例不断增加。为顺应美元在国际贸易和支付中地位的上升,1971年12月,澳大利亚政府将盯住英镑的汇率制度转为盯住美元的汇率制度。第三种是盯住贸易加权一揽子货币:1974年9月25日,澳元开始不再盯住单一货币,而与澳大利亚主要贸易伙伴国的20种货币一揽子加权货币相挂钩,以避免投机性攻击。

(2)爬行盯住汇率制:1976年11月—1983年12月12日。1976年11月,澳大利亚宣布开始实行有管理的浮动汇率制度,即盯住一揽子贸易加权货币的爬行盯住汇率制,以避免市场对汇率长期大幅变化的预期。这样汇率就成为当时经济政策中一个很有弹性的工具,澳大利亚将之作为实现货币政策目标的重要手段。澳大利亚通过对汇率的管理,以达到降低通

【澳大利亚经济】

六个州和两个地区都有自己的葡萄种植和葡萄酒生产,但主要产地集中在新南威尔士州、维多利亚州中北部和南澳大利亚州。老葡萄酒生产地是巴罗萨峡谷、猎人河谷地区,它们在葡萄酒生产和发展中起着重要作用,现在仍然是葡萄酒的主要产地。但是,整个葡萄酒生产却遍及大陆的60个地区,有着不同的气候和土壤环境,如新南威尔士州的马吉、科瓦、马兰比季河和墨累河谷地区,南澳大利亚州的南部谷、卡尔河谷和河地地区以及维多利亚州的南部等。西澳大利亚州、塔斯马尼亚州和昆士兰州葡萄酒的产量、质量和声誉增长也很快。

【澳大利亚经济】

葡萄酒在澳大利亚的日常生活中占有很大的分量,与商业和休闲都有着密切联系。葡萄酒节是主要葡萄酒产地重要的文化生活,每年都吸引着大批游客前来参观。

货膨胀压力和维护国际收支平衡的目的。这段时期是澳大利亚由原有的固定汇率制度向自由浮动汇率制度变动的阶段。该阶段内,澳大利亚对汇率和金融系统进行极为严格的管制。

(3)自由浮动汇率制:1983年12月以后。1981年11月,澳大利亚金融制度调查委员会——坎贝尔委员会(CampbeH Committee)发表了著名的坎贝尔报告,自此澳大利亚开展了以放松管制为内容的金融自由化改革。澳大利亚取消对汇率、金融市场、银行数量、资本流动等方面的限制,并且允许资金在境内外自由流动,所以坎贝尔报告成为澳大利亚金融自由化的里程碑。为响应金融自由化的号召,1983年12月12日,澳大利亚取消了原有的爬行盯住汇率制度,放开澳元官方定价,实行自由浮动汇率制度。澳元汇率完全由市场供求来决定,只有在通货膨胀加剧、或者是澳元汇率波动剧烈的时候,储备银行才会对汇率进行适度的干预。汇率制度的改革使得澳元一跃成为世界上较为活跃的货币之一。

2．汇率制度的管理

澳大利亚外汇市场是由澳大利亚储备银行下的金融市场组（Financial Mar-kets Group）负责操作的。在实行浮动汇率制度的初期，澳大利亚储备银行汇率制度的目标是减少汇率的短期波动。后来汇率制度的目标发生改变，是防止汇率的长期超调，即防止汇率走势长期偏离经济和金融的基本状况。

随着汇率制度目标的变化，澳大利亚外汇干预的方式也发生改变。由原有的经常性的小规模干预逐步转向频率较低但规模较大的干预。澳大利亚储备银行主要有三种外汇交易干预的方式，通常情况下，储备银行会同时使用这三种方式进行外汇干预以达到其汇率制度的目标。这三种干预方式分别是：

（1）储备银行直接进入外汇市场，对外汇进行干预。这种干预方式对汇率的影响比较大。储备银行直接以交易者的身份进入外汇市场，在市场上直接报价或是根据

【澳大利亚经济】

2006年—2007年度澳大利亚葡萄酒出口约为28.7亿澳元,葡萄酒销量接近12.3亿升, 约7.86亿升用于出口,主要销往英国、美国、新西兰、加拿大和德国。

其他银行的报价进行交易。通过这种方式, 储备银行可以给市场带来实际的信号指示,影响市场的汇率走势。

（2）储备银行直接与其他银行进行交易。在这种干预方式下,储备银行并不进入银行间市场, 而只是直接打电话给在外汇市场上报价的商业银行, 与这些银行直接交易。该方式也具有一定影响力,它会影响银行的报价水平。除此以外,因为商业银行在与储备银行交易以后需要在市场上平补头寸, 所以储备银行通过直接与其他银行进行交易,也会对外汇市场造成影响。

（3）通过代理银行进入外汇市场对外汇进行干预。由于储备银行在这种方式下并没有真正进入外汇市场,所以这种干预手段对外汇市场的影响力是比较小的,所以它通常是在储备银行需要补充资金的时候使用。

第三章　蓬勃发展的对外贸易

　　澳大利亚是世界主要的贸易国之一。澳大利亚幅员广袤,自然资源丰富,人口却相对较少。因此,需要借助对外贸易满足国内市场的需求,拉动本国经济发展。20世纪70年代,澳大利亚实施了一系列自由贸易改革政策,对其对外贸易,水平、商品构成及贸易伙伴国的变动产生了一定的影响。

财富小百科

如果你身上还残留有不少的冒险精神，你就不要稳扎稳打，步步为营。对企业——特别是现代技术发展突飞猛进的行业来说，规避风险往往会带来致命的伤害。在当今世界，又有哪一个行业的技术发展不迅猛呢？

资格越老的经理，就越应该鼓励别人创新和冒险。绝大部分高级经理都意识到了这项义不容辞的责任的重要性。但是他们往往意识不到，自己对风险已经变得不那么乐意承受了。

为了防止出现那种可能性，随着管理职位的提高，我们应该更加有意识地、明确地倡导理智的冒险精神。和以前相比，你现在的管理方式也许增加了一些深谋远虑，但是总的来说，你的管理行为可能还没有变。那么，这些管理行为，适合于处在管理生涯各个阶段的经理。

第一节　澳大利亚的对外贸易发展概述

　　澳大利亚是世界主要的贸易国之一。澳大利亚幅员广袤,自然资源丰富,人口却相对较少。因此,需要借助对外贸易满足国内市场的需求,拉动本国经济发展。20世纪70年代,澳大利亚实施了一系列自由贸易改革政策,对其对外贸易,水平、商品构成及贸易伙伴国的变动产生了一定的影响。此外,澳大利亚积极参与国际经济合作,加入国际性或区域性经济组织,在国内设立不同类别的贸易协助机构,以服务对外贸易的发展。

　　对外贸易是促使澳大利亚经济不断发展的重要原因之一。现在的澳大利亚是一个经济开放度较大的国家,对外贸易在国民经济中占有重要地位,且在长期的发展过程中形成了自身的特点。纵观澳大利亚经济和对外贸易的发展,可以看到澳大利亚对外贸易在第二次世界大战前后,特别是20世纪中后期,由于国内经济条件的变化和世界经济形势及格局的变迁,发生了许多明显的调整和变化。

【澳大利亚经济】

澳大利亚最大的出口市场是欧盟。1994年,《澳大利亚-欧盟双边葡萄酒贸易协议》开始生效,澳大利亚葡萄酒得以降低技术障碍进入欧洲市场。作为回报,澳大利亚葡萄酒产业分阶段在其葡萄酒上注明欧洲的地理名字,如"波尔多"、"基安蒂"等。未来,澳大利亚还会使用更多不同的欧洲地区和品牌的名字销售自己的葡萄酒。

一、澳大利亚:一个贸易国家

位于大洋洲的澳大利亚,人口相对较少,内需有限,早期移民有许多物质上的需要依靠英国本土供给。但随着国内经济实力的发展壮大,澳大利亚逐步成长为一个后起的工业化国家。经过20世纪50年代初的"羊毛景气"、60年代相对稳定的长期发展、60年代末70年代初的"矿业景气"后,澳大利亚一跃成为发达的资本主义国家之一。而在澳大利亚经济发展过程中,对外贸易起到了重要的"牵动"作用。总体来看,现在的澳大利亚是一个经济开放度较大的国家,对外贸易在国民经济中占有重要地位。截止到21世纪初期,按进出口额计算,澳大利亚在世界上约居第二十位上下,属于一个中等水平的贸易国。贸易占GDP的比重由1988—1989年度的32.5%增加到2008—2009年度的47.1%。

第二次世界大战前,澳大利亚经济发展主要借助于本国的农产品和初级产品,农业经济的发展及加强,特别是羊毛工业为澳大利亚的发展奠定了坚实的基础,并由此产生了一个"骑在羊背上前进的澳大利亚",可见澳大利亚经济对羊毛商品出口的依赖程度。

战争的需要和战后的移民计划促使澳大利亚经济朝着多样化的方向发展,战后制造业部门的增长尤为迅速,第三产业也取得了重大进展,用于出口的采矿和能源项目的投资相当多。进入20世纪70年代,澳大利亚的国际贸易发生了很大的转变。由于利用了占有绝对优势的农业及自然矿产资源,大量出口羊毛、牛肉、活绵羊、山羊和矿砂、氧化铝、煤炭等,澳大利亚获得了大量外汇并用于购买国外先进机械、基建设备等,有助于澳大利亚扩大投资规模和保持国际收支平衡及汇率稳定。随着澳大利亚经济的不断发展,对农业生产的依赖程度减少,但澳大利亚依然是农产品的重要生产国和出口国。自20世纪80年代末开始,随着全球经济的迅速发展,以及产品价格上涨,资源产品(主要是煤炭、铁矿石及精矿等)名义出口额一直占主导地位,澳大利亚工业品出口的增长超过其他大部分商品。进口也迅速增长,从20世纪90年代至今的20年中,资本及中间产品进口如设备、燃料和商业服务(主要用于澳大利亚生产投入)对澳大利亚进口能力的贡献率达60%~70%。澳大利亚是世界上最大的煤炭和钻石出口国,主要的铀、轻原油和液化天然气出口国,也是世界上最大的羊毛、小麦、大麦、糖等商品的供应地,其中一半以上销往亚洲地

【澳大利亚经济】

澳大利亚葡萄酒产业很重要,直接雇员为2.8万人,并在零售、批发、服务行业中提供了相关就业机会。

2006—2007年度,澳葡萄酒生产创造了好几个记录,葡萄生产达139万吨,葡萄酒产量为9.95亿升,葡萄种植面积达到163951公顷。澳产葡萄酒在国内的销售额持续增长,2005~2006年度达到4.31亿升。

【澳大利亚经济】

　　印刷业是澳大利亚第四大制造产业，主要包括文具、商业和办公印刷、报纸、图书、杂志和期刊的出版与印刷，以及音频、视频和数据资料的制造与出版。印刷企业约有6000家（纸浆和纸的生产除外），雇员超过9.1万人（2000—2001年度数据）。大多数印刷企业为中小企业。

区。澳大利亚的进口主要包括机械和交通设备，自1994年以来，这些商品一直占澳进口总值的46%左右。以外，还包括原油、精炼油、汽车及零部件、计算机、飞机、通信设备、非货币黄金、电子器械等用于加工再生产而不是消费的产品，其耗费最多的进口物资主要用于保持和发展澳大利亚先进的信息业和运输业。

　　从历史上看，澳大利亚最早最大的贸易伙伴国是英国，也包括其他欧洲国家。这一历史性的贸易关系，不仅体现了英国对澳大利亚的殖民化统治，澳大利亚与其"母国"的文化联系也促成了这一传统性的交易模式，反映了英国为满足实现工业制成品出口而对外寻求市场和原材料产地的需求。

　　随着亚洲经济（尤其是东亚经济）的高速发展，澳大利亚对欧

美的贸易开始逐渐收缩,并逐步重视扩大与亚洲各国的经贸关系。就目前来看,澳大利亚对东亚的出口占澳出口总额的一半以上。出口品主要是原材料,近年来制成品出口也日益增多,销往亚洲各国的制成品已占澳出口的1／4以上。与此同时,澳大利亚的进口现状也反映出同亚洲的贸易联系日益加强。目前,东亚约占澳大利亚进口总额的40％,增长最快的东亚进口品有:土木工程设备、船只、自动数据处理设备、精炼石化产品和机动车等。另外,澳大利亚同北亚、南亚的贸易联系也有较快的发展。

澳大利亚贸易委员会(Australian Trade Commission,Austrade)对澳大利亚贸易的发展起着重要作用,为出口商提供包括收集商品信息、制定鼓励措施、制定产品发展战略和提出销售建议等方面的服务。同时,澳大利亚还通过多边、双边和区域性经贸政策促进贸易的发展。一方面,通过世贸组织(World Trade Organization,WTO)及其他多边贸易机构不断取得积极的贸易成果,另一方面,澳大利亚在推动

构建亚洲、亚太经济合作组织（Asia—Pacific Economic Cooperation，APEC）的区域性活动中，也起着积极的作用。值得一提的是，澳大利亚还特别关心是否能够更自由公平地进行农产品贸易，坚决反对某些国家对于贸易尤其是农产品贸易的限制行为，尤其不满欧盟（European Union，UN）限制农产品进口的措施；澳大利亚发起建立了公平交易农产品出口国凯恩斯集团（CairnsGroup），该组织由澳大利亚、加拿大、阿根廷、巴西、智利、新西兰、哥伦比亚、斐济、匈牙利，印度尼西亚、马来西亚、菲律宾、泰国及乌拉圭等14国组成，其宗旨主要在于有效且统一反对GATT乌拉圭回合中的有关农产品壁垒。

二、澳大利亚对外贸易发展的特点

20世纪70年代开始，澳大利亚政府实施了一系列自由贸易政策改革。此后，澳大利亚经济和对外贸易发生了深刻的变化。

（一）对外贸易发展迅速，外贸增长率高于其经济增长率

20世纪60年代以来，无论从货物还是服务来看，澳大利亚对外贸易经济增长迅速。1960—1970年，澳大利亚进出口平均增长率分别为7.75%和7.76%，1970—1980年度分别为3.8%和1.8%，1980年～1991年度为4.6%和5%，外贸增长率高于澳大利亚同期经济增长率，也高于第二次世界大战前半个世纪的澳大利亚外贸增长率和同期世界贸易发展速度。究其原因多是由于战后第三次技术革命和贸易自由化等引起的世界市场容量扩张速度高于世界生产增长速度的共有现象。澳大利亚2006—2007年度贸易总额达4436亿美元，约占全球贸易总额的1%。据世

【澳大利亚经济】

建筑业在澳大利亚经济活动中占据主导地位。2005年，住房和建筑业是澳大利亚经济的主要推动力，雇员达80万人，全年营业额为840亿澳元。澳大利亚住房和工程服务在国际上享有很高声誉，在全球范围内承担了许多高规格的建筑和基础设施项目。

界银行（World Bank，WB）有关数据统计，1965—1973年度和1973—1983年度，澳大利亚国内生产总值的年平均增长率分别为5.6%和2.4%，而同期19个市场经济工业国国内生产总值的年平均增长率分别为4.7%和2.4%。总的来看，澳大利亚经济增长率略高于同期世界市场经济工业国经济的平均增长率。同时，据澳大利亚统计局（Australia Bureau of Stmistics，ABS）数据显示，2008—2009年度澳大利亚进出口额分别为2847亿美元和2790亿美元，分别比70年代初的进出口额高出约41倍和68倍；2008—2009年度总贸易额约为5637亿美元，而1988—1989年度仅为1181亿美元，在过去的20年中翻了4倍多；2008—2009年度贸易占GDP比重上升至47.1%，该时期的贸易条件指数也自2004—2005年度对国民收入采取刺激政策之后又上升了56.2个百分点。

【澳大利亚经济】

　　航空航天部门雇员约2万人，营业额近39亿澳元，其中18亿澳元为增值出口，占营业额的近18%，进口产品占了国内市场的82%。航空航天部门主要包括飞行器部件和飞行器制造、维修、系统设计和开发、飞行训练以及空中控制等。参与企业大多为大跨国公司的分公司以及一些著名中小企业。

（二）20世纪80年代开始，贸易差额由长期顺差转为逆差

进入20世纪80年代以后，由于世界性经济危机和国际贸易保护主义加剧，在澳大利亚贸易条件恶化的情况下，澳大利亚对外贸易出现多年逆差，使得国际收支账户失衡，给经济发展造成一定困难。

（三）进出口商品结构发生了巨大变化

20世纪之前，澳大利亚经济贸易主要集中在农业和矿业。进入20世纪以来，特别是50年代以后，澳大利亚制造业有了很大的进步，尤其是矿业吸引了大量外国资本的流入。从60年代开始，农业在国内生产总值中的地位明显下降，1963—1964年度占GDP的比重为13％，而2005—2006年度不足4％。由于重要的铁矿、煤矿、石油和天然气等矿藏的开采和发现，同期矿产业的比重由2％上升到5％左右，第三产业发展更为迅速，同期由58％上升至72％。

1．出口商品结构变化

首先，澳大利亚初级产品出口近年来呈下降趋势，但在

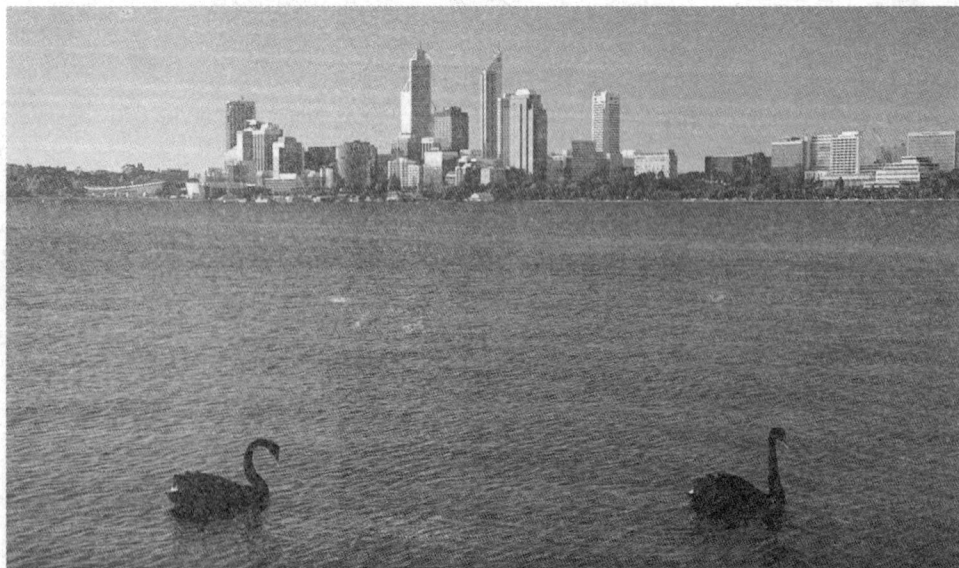

出口总额中的比重仍较为重要。澳大利亚产业结构与其他工业发达国家的主要差异之一表现为第一产业在国民经济发展中占有极其重要的地位。从历史发展来看，农、林、渔等农产品一直在澳出口商品结构中居主要地位。1950—1951年度农产品出口在出口总额中比重达92％，占绝对优势，而资源类矿物产品等原材料和工业制成品的比重分别仅为4％和3％；后经过20世纪50年代矿业和制造业投资的扩大，矿产品及工业制成品的生产和出口有了明显增长，1965年占出口总额的比重分别上升至13％和15％。

随着澳经济结构调整和国际市场初级产品供需的变化，农产品在澳出口中比重下降，1985—1986年度资源类产品出口在出口总额中的比重上升至40％，首次超过农渔林产品的出口份额38％，成为最重要的出口部门之一。而2008—2009年度，资源类产品和工业制成品的出口比重分别为44.8％和15.4％，其中制成品比重近年来相对有所下降，但仍是增长最快的出口部门之一。近年来对制成品行业的贸易保护也多呈下降趋势，自20世纪90年代以来的约20年中，有效保护率已从1988—1989年度的18％下降到2008—2009年度的不足5％。但总体来看，如今澳大利亚出口商品中约有70％仍为初级产品，并未从根本上改变初级产品在澳出口中的主导地位。这与当前市场经济工业国的制成品出口约占该国出口总额75％的平均比重形成鲜明的对比。

其次，初级产品发展不平衡，其内部结构存在较大变化。主要表现为农产品在初级产品出口中比重大幅度下

> **【澳大利亚经济】**
>
> 　　航空航天信息产业雇员近1.1万人，营业额为12亿澳元，其中5000万来自出口盈利。该部门增长潜力巨大，包括来自政府机构的增值服务需求（尤其是遥感服务），国际估算显示全球航空航天信息产业年均增长20％左右。

降，矿产品在初级产品中的地位上升。1950—1951年度，澳大利亚农产品出口在其初级产品出口中的比重曾一度达到93.47%，而到1970—1971年度，这一比重下降到61%，1995~1996年度进一步下降到35%，截至2008—2009年度，仅为14.7%。相反，自20世纪70年代开始，澳大利亚努力开发矿产品市场，加上70年代国际市场石油价格两次猛涨，澳大利亚矿产品出口得到了很大发展。50年代初，澳大利亚矿产品出口在其初级产品出口总额中的比重约为8.4%，1970—1971年度该比例增长至38.88%，截至2008—2009年度，该比重进一步上升到64%。煤炭、铁矿石、精矿以及黄金一直以来就是澳大利亚的主要出口产品。

再其次，制成品在出口中的比重呈上升趋势。1950—1951年度，澳大利亚工业制成品在出口总额中的比重仅为3%，到20世纪80年代初，这一比重上升到11%，截至2008—2009年度，该比重达15,4%，其中，精密加工品约

占澳大利亚制成品出口的65%左右。

最后，服务业在出口总额中的地位也稳步上升。1950年—1951年度，澳大利亚服务出口的比重约为5%，20世纪80年代初该比重上升为16%。1988年—1989年度到2008～2009年度的20年中，服务业出口增长迅速，出口额年均增长率约为7.8%，出口量年均增长率也达到了5.6%。截至2008—2009财年，澳大利亚服务品出口进一步扩大，比重达到18.7%。尽管如此，由于资源产品尤其是煤炭、铁矿石及精矿价格上升，2009年，服务业占总出口的比重同比有少许下降。服务业出口在这10年中一直呈现稳定的上升趋势。1998—2008年，服务出口的增长主要是因为该时期旅游业发展导致的个人旅游量（Private Travel，不包含教育）增加。1998年以前的10年中，随着外国学生到澳就学人数激增，与教育相关的旅游业在服务业中占主导地位。到目前为止，教育已成为澳大利亚最大

> **【澳大利亚经济】**
>
> 澳大利亚航空航天业主要活动领域有通信、深空跟踪、导航服务和卫星部件制造等。一些商业机构也积极参与发展航空发射设施。

【澳大利亚经济】

　　重工业和基础产业在经济发展中至关重要，生产其他经济活动所需要的设施和产品，如收费公路、码头和资源处理厂。重工业和基础产业几乎涉及所有部门发展和增长的大项目，包括银行、法律、设计服务、项目管理、产品和设备提供、建筑和施工以及重工业等。他们以长期的计划和建设周期、高的初期资本成本、长的生命周期以及许多情况下昂贵的政府投入而闻名。

的服务出口项目。2008年约有543898名外国学生前往澳大利亚注册入学，美国、日本和中国是最主要的学生来源国。

　　2. 进口商品结构变化

　　与出口商品结构相比，澳大利亚进口商品结构相对稳定，并没有明显的变动。

　　首先，制成品在澳大利亚进口中一直处于主导地位，近年来仍有进一步增强的趋势。1950—1951年度，制成品进口占澳大利亚进口总额的比重为62%，1965年上升至78%，2007—2008年度是75%，2008—2009年度制成品占货物进口总额的比重达72%，尽管相比上年略有下降，但仍比19个市场经济工业国家2009年制成品进口占进口总额的平均比重要高许多。

其次,初级产品的进口相对减少,呈下降趋势。澳大利亚1965年和2009年初级产品进口占总进口的比重分别仅为23%和19.8%,远低于市场经济工业国同期初级产品进口的平均比重。

最后,服务进口有了很大发展。20世纪90年代初期,澳大利亚服务进口占进口总额的比重约为25%,远高于1950—1951年度的16%,但近两年来该比重有所下降,2008—2009年度约为20%。

3．进出口商品结构存在巨大反差

与世界其他国家和地区进出口商品结构相比,尤其是与其他市场经济发达工业国相比,澳大利亚进出口结构有其自身的特点,主要表现在两个方面:第一,澳大利亚出口对初级产品的依赖程度远高于世界其他国家和地区的平均水平,对初级产品进口则明显低于世界平均水平;第二,澳大利亚对制成品的进口需求程度远远高于世界其他国家和地区平均水平,出口则大大低于世界平均水平。这在某种程度上也反映出澳大利亚的产业构成和工业发展情况。

从上述对进口结构与出口结构的分析可以看出,澳大利亚出口贸易一直以初级产品为主,20世纪50年代,初级产品在澳大利亚出口总额中的比重达90%以上。制成品出口的地位虽在21世纪初有所上升,但对比来看仍居次要地位。

澳大利亚进口贸易一直以制成品为主,进口结构与

【澳大利亚经济】

化学和塑料产业包括化学、油漆、塑料和橡胶产品等工业,2005—2006年度产业增值是90亿澳元,占整个制造业的9%左右,雇员人数大约为8万,接近整个制造业雇员总数的8%。约75%的化学和塑料产品被用于其他制造行业,如汽车、建筑和施工以及包装业。但是,近年来,该产业的生产能力不能满足制造活动日益增长的需求。化学和塑料产业的增长率与制造业的增长率基本持平。化学和塑料产业的批发和服务收入在2001—2002年度和2004—2005年度之内该产业批发和服务收入占整个制造业的平均比率为9%。

出口结构形成鲜明对比。20世纪50—90年代,制成品进口在澳进口中的比重一直徘徊在60%～70%之间,而对初级产品的进口则相对有限。

4.进口来源地和出口市场均发生很大变化

第二次世界大战之后,特别是20世纪60年代以来,澳大利亚对外经济关系及其发展的重要转变之一是澳大利亚的主要对外贸易地区由欧洲市场转为亚太地区。

20世纪50年代以前,澳大利亚的贸易伙伴国主要是欧洲国家,尤其是英国,是澳大利亚最主要的出口市场和进口来源地,北美和日本等国家和地区处于次要地位。由于历史的原因,澳大利亚长时期受到英国的殖民开发、管理和控制,进而顺理成章地成为英帝国的廉价原材料供应地和产品销售市场,之后又成为其投资市场。这种状况一直维持到20世纪初都没有改变。随后由于世界主要资本主义经济政治力量发展的不平衡,20世纪30年代初,英帝国势力受到美国的强有力挑战,澳大利亚政府于1936年正式决

定采取贸易转向政策。第二次世界大战后,英国实力进一步削弱,同时英联邦对澳大利亚实施的特惠制的作用也随之大打折扣。1951年,澳大利亚、美国和新西兰三国签订共同防御协定——《澳新美同盟条约》(ANZUS Treaty, 1951),加强了美国在澳大利亚的政治影响。此后,随着澳大利亚与英国政治经济关系的疏离,澳大利亚政府逐渐认识到与亚洲太平洋独立国家建立联系的重要性,并采取一系列面向亚洲太平洋地区的策略,包括外交、贸易协定的签署及限制条件的取消等。

1951—1952年度,澳大利亚对欧洲国家的进出口在其进出口总额中的比重分别为60%和63%,其中仅对英国一国的比重就占到了45%和36%,而同期对北美和日本的进出口分别只有7%和18%。但从20世纪60年代开始,北美在澳大利亚对外贸易中的地位飞速上升,日本的地位也迅速提高,尤其是60年代后半期。1958年,澳日两国的贸易额仅为1.27亿美元,到1966—1967年度,日本占澳

【澳大利亚经济】

纺织、服装和鞋业（TCF）部门包括纺织、服装、制鞋、皮革、地毯和纺织技术等。2006年约聘用了2600名设计师。纺织、服装和鞋业批发雇员人数为27990人，产生的增加值为25亿澳元。零售业雇员人数为130600，产值为49.7亿澳元。整体而言，批发和零售业雇员人数为158600人，是生产领域的3倍多。这两个行业总产值为75亿澳元，也几乎是生产领域的3倍。

大利亚出口比重为19.4%，一跃成为澳大利亚出口的首位。截至1972—1973年度，澳大利亚出口中，日本、美国分别以31.1%和12.2%的比重居第一、第二位，英国位列第三，仅占9.7%。

进入20世纪80年代之后，澳、英两国贸易进一步削减，1987年，澳大利亚从英国进口占其总进口的比重一直徘徊在6.5%～7.5%之间，2009年仅为4.3%，落后于中国、美国、日本等国，排名第七位；而澳大利亚对英国出口占出口总额的比例也仅为5.3%，落后于中国、日本、印度等国，排名第六位。日本作为澳大利亚战后新崛起的贸易伙伴国家，澳日两国贸易在资本主义世界经济经历20世纪70年代滞胀、80年代低速增长，贸易发展速度减缓的形势下仍然保持异常高速的发展。日本至今仍是澳大利亚对外贸易中极其重要的出口市场及进口来源地，这是澳大利亚与其他任何国家的贸易都无法比拟的。根据澳大利亚统计局数据，截至2009年，日本仍然是澳大利亚的第二大贸易伙伴国，而中国第一，美国第三。

第二节　澳大利亚的对外贸易

作为资本主义国家中较为重要的贸易国之一，对外贸易的演变与澳大利亚经济发展存在千丝万缕的联系。相比第二次世界大战前，战后澳大利亚对外贸易总额有很大增长，但在世界贸易市场中的竞争性地位却有所下降；对外贸易商品结构大大改善，进出口商品品种日益多样化；20世纪60年代亚太地区经济腾飞，为澳大利亚对外贸易重心东移提供了极好的时机。此外，澳大利亚对外贸易条件及贸易伙伴国也有显著变化。

一、澳大利亚对外贸易的演变

从20世纪初期澳联邦建立到第二次世界大战爆发，澳大利亚出口贸易额从1亿澳元增加至3.15亿澳元，进口贸易额从7000澳元增至2.47亿澳元，增加2倍多，按人口计算的平均进出口贸易额则增加不足一倍。

战后初期，澳大利亚进出口贸易额发展仍然没有达到非常理想的效果。但到了20世纪50年代初期，澳

【澳大利亚经济】

电子工业是重要的技术部门，该部门的很多发明是其他工业如汽车、农业、电信、国防、航空、医疗器械和采矿业等的关键。2000—2001年度行业直接雇员为32841人，营业额达87亿澳元，约占国内生产总值的1.3%，出口50亿澳元，占总出口的3%。电子工业由几家大企业和许多小企业组成，外国公司在澳大利亚电子工业中起着重要作用，进口比重很大。

大利亚对外贸易总额却有了明显增长。即使工业品已经成为国际贸易中增长最快的部门，战后国际市场的繁荣，仍然给当时的一些初级产品供应国如澳大利亚创造了极好的条件。战时的大量内外市场需求，以及侵朝战争引起的价格上升，使得1951年澳大利亚对外贸易总额达到34.52亿澳元，其中出口贸易额为19.64亿澳元，进口贸易额为14.88亿澳元。澳大利亚整个50年代对外贸易总额的增长速度，远远超过工农业生产的增长。同时。出口商品价格的波动颇为剧烈，总的趋势来看是逐年下跌的。因此，50年代贸易额的增加，主要来源于贸易量的增加。

20世纪60年代初期，由于国内经济快速发展和对进口控制的放松，澳大利亚国际收支恶化。为解决国际收支危机而采取的紧缩措施导致经济增长缓慢及失业增加，澳大利亚政府进而采取高关税的措施刺激出口并限制进口。该时期澳大利亚对外贸易额有了一定的增长，增幅约为1倍

左右，但与同期的日本和西欧共同市场诸国贸易增长速度相比略显缓慢。

20世纪70年代早期开始，澳大利亚在全球经济中的地位有了显著的提高，其长期建立的历史贸易模式在70—80年代得到了进一步发展。1972—1973年度，当全球经济由于石油价格急剧上升而萎缩时，相比其他OECD国家，澳大利业经济似乎并未受到很大影响，这主要因为澳大利亚原油基本可以自给自足，且一直是国际煤炭市场的能源出口国。1972年，澳大利亚出口状况良好，贸易顺差超过200万美元，并且随着商品价格激增，之前一直处于下降状态的贸易条件开始出现对澳大利亚有利的局面。该时期羊毛价格上升了150％，谷物价格也增加了80％。澳大利亚石油、煤炭产出

【澳大利亚经济】

作为一个发达国家，澳大利亚人均消耗能源较高，能源消耗的1／3用于电力生产。澳大利亚煤炭资源丰富，但是总体上降水量低，高地地区有限。因此，电力生产主要依靠火力发电。水力发电只占很小的一部分，主要的水力发电几乎全部来自东部各州，特别是塔斯马尼亚和雪山水力发电工程，后者大部分发电输送给首都地区使用，其余再送往新南威尔士州和维多利亚州。其他如石油和天然气发电量更小。

增加,能源出口迅速发展。但是到了80年代,石油价格下降,尤其是自1986年开始,澳大利亚作为能源出口国的地位也随之下降。此间澳大利亚出口仍严重依赖于初级产品,对亚洲依赖性趋势明显。值得注意的是80年代一个明显的变化是澳大利亚旅游业的发展,成为其外汇的主要来源。

到了20世纪90年代,全球经济发展形势不容乐观。大部分OECD成员国经济于1990—1991年度进入衰退,并在此之后的5年复苏期中经济发展仍然缓慢。从GATT到WTO的转变促进了各国间国际贸易的联系,但美日间出现结构性贸易失衡,保护主义盛行仍然是世界经济发展的最大障碍。世界贸易的增长严重依赖于东亚、东南亚及中国贸易的发展,这些国家外向型贸易增长迅速且多以工业品和中间品为主,地区间贸易及资本流动也相当频繁。但发达国家采取的保护主义对发展中国家的农产品贸易尤其是粮食产品,以及工业品贸易产生诸多影响。该时期澳大利亚出口增加、进口减少,并于1990—1991年度实现自1985—1986年度来的首次顺差,特别是能源和工业品,出口额增长显著。原因主要是海湾危机导致的国际石油价格急剧上升,且澳大利亚工业品出口受欧洲及北美工业国衰退的影响较小。工业品出口自20世纪80年代中期开始明显增加,甚至在衰退时期也呈上升趋势,这多来源于对经济增长强劲的亚太地区的出口。但与澳大利亚传统初级产品尤其是农产品相比,工业品出口的增长并未使其价格更有竞争力,商品价格下降也使得1990—1991年度贸易条件一度恶化。

自2000年以来,商品价格的上升,大大改善了澳大利亚的贸易条件。澳大利亚商品和服务的贸易总量有显著的

【澳大利亚经济】

新南威尔士州负责电力生产的机构是新南威尔士电力委员会,负责向政府部门、政府铁路、固定大消费者配送电量。火力发电厂多建在煤矿附近,1983年建立的最大的一个发电厂是麦奎尔湖畔的谷点发电厂,发电量为2195兆瓦。

增长，2008—2009年度，澳大利亚商品及服务贸易总额为5637亿美元，同比上一个财年增加了14.6%，相比1988—1989年度的1181亿美元，增长了4倍多。2008—2009年度出口额实现2847亿美元，同比增长约21.9%。从20世纪90—21世纪初的20年中，出口额年均增长率为7.7%，出口量年平均增长率为5.2%。所有出口项目，包括初级产

品、简单工业品及深加工制造品、其他商品和服务等都有了大幅增长。初级产品出口中，燃料和矿产品增幅明显。但是由于国内消费及投资活跃，澳大利亚进口贸易的增长部分抵消了出口贸易的增长。

截止到2009年，澳大利亚名义GDP位于世界第十三位，由PPP调整过的实际GDP居第十八位，约占全球经济的1.7%，而贸易总额占GDP的比重为47.1%，进出口额分别居世界第十八位和第二十二位，澳大利亚进出口占世界贸易总量的份额分别为1.5%和

1.4%，贸易条件自2004年以来也上升了56.2个百分点。资源出口约占2008—2009年度澳大利亚出口额的一半左右，服务业成为澳大利亚第二大出口部门，其次是加工业及原始产品出口。澳大利亚政府积极鼓励制成品产品出口，但在国际市场上竞争力仍然不是很强。

二、对外贸易商品结构

（一）出口商品结构

澳大利亚以出口农矿产品著称世界，其对外贸易结构一直被认为是用本国初级产品换取国外工业品。第二次世界大战之前，澳大利亚农牧产品占出口总额的86%以上，单羊毛、小麦两项即占出口总额的62.69%。战后，随着澳大利亚制造业的兴起和发展，澳大利亚某些工业部门逐渐实现自给自足，并在国际市场上寻求出路，澳大利亚也开始与其他工业发达国家进行工业品和加工原料的商品交换。

从澳大利亚出口商品构成看，战后总的变化是：一方面，农产品所占出口总额的比重逐步缩小，从最初的85％下降到1／3左右。其中，比重变化最大的是传统上出口居首位的羊毛，羊毛在出口总额中的比重从20世纪50年代"羊毛景气"时占65％，以后一路下滑，60年代不足20％，70年代猛降至10％，80年代由于羊毛市场的低迷与波动，其在出口中的比重进一步下降，2008—2009年度，该比重相比上一年度又有了非常明显的减少，约占出口总额的1％左右。另一方面，矿产品所占比重明显增大，从1／10上升至出口总额的一半以上，并且仍然处于上升趋势。

【澳大利亚经济】

制药业是高技术产业，增长迅速，全球化程度高。由生物医药研究机构、生物工程公司、基因药物生产厂家、跨国创新机构以及相关服务部门组成，不仅批发，也做零售。制药业雇员约34000人，营业额180亿澳元，每年用于研发的经费达75200万澳元。制药业是澳大利亚第二大出口商，一年的出口额近40亿澳元。医药和外科制造工业每年利润超过14亿澳元。成药销售为每年10亿澳元。

2008—2009年，澳大利亚商品出口贡献最大的三个行业

是采矿业（48％）、制造业（25％）和批发贸易（12％），共计占出口总额的85％以上。初级产品的出口达1612亿美元，同比增加了41.1％，其中一个重要原因是能源和铁矿石价格的上涨。制造业出口额439亿美元，下降了3.3％，其他商品出口额约为254亿美元，上涨19.7％，同时服务出口533亿美元，同比增加5.2％。

其中，出口增幅明显的商品主要包括：煤炭，出口额为544亿美元，上升123.9％；天然气出口额101亿美元，增幅72.3％；小麦出口额49亿美元，增幅71.0％；铁矿石和精矿出口额342亿美元，增幅66.9％；黄金出口额175亿美元，增幅42.7％；与教育相关旅游服务出口额166亿美元，增幅22.7％。

（二）进口商品结构

澳大利亚进口商品构成与出口情况恰恰相反。在澳大利亚进口商品构成中，农产品及矿产品始终占极小比重，而包括原油在内的工业品则占85％以上。自1988—1989年度至2008—2009年度的20年中，澳大利亚中间产品的进口额从241亿美元上升到981亿美元，年均增长率约为7.3％，截至2008—2009年度，约占总进口的35.2％。中间品主要用于国内消费品或出口的加工生产。由此可知，澳大利亚进口商品主要用于生产，较少直接供应消费，也反映了澳大利亚制造业很大程度上依靠进口的资本设备及材料，这主要与战后澳大利亚政府一直推崇的进口替代、制造品自给的政策有关。

2008—2009年度，初级产品

【澳大利亚经济】

与人口密集在沿海地区一样，澳大利亚的交通运输网络也主要集中在沿海地区。公路、铁路和空中运输主要集中在大型港口城市。边远城镇和地区交通运输相对落后甚至匮乏。铁路系统标准化程度低，不能满足相互连通的需要。发展国家交通运输体系的计划被各州负责道路、桥梁和铁路建设的事实所阻碍。许多内陆地区较低的人口比例使得发展现代交通运输成本太高。

的进口约为435亿美元,同比上一年增长约2.2%,反映了能源产品尤其是原油及成品油的明显增加。工业品进口约1597亿美元,同比增加了5.2%。其他货物进口额为162亿美元,增加了105.4%;服务进口也有所上升,约为565亿美元,增幅为5.9%。个人旅游(Private Travel,不包括教育)服务进口约为184亿美元,原油为145亿美元,成品油为122亿美元,客运汽车为116亿美元,这些都是澳大利亚较重要的进口项目。

就进口商品而言,2008—2009年度,增长较快的包括以下几项:抽水泵(不包括液态泵)机器零件,进口额28亿美元,上升约65.8%;黄金,进口额115亿美元,上升51.7%;职业服务,进口额33亿美元,上升约46.3%;婴儿车、玩具、游戏及运动商品增加24.2%;技术及其他商业服务,增加19.2%达到49亿美元;同时还有个人旅游服务增加13.8%,约为184亿美元。

三、贸易条件

战后很长一段时间，除个别年份外，澳大利亚贸易条件发展并不理想。贸易条件代表出口价格相对于进口价格的比例关系，虽不能完全反映对外贸易对一国经济是绝对有利或绝对不利，但可以基本反映这个国家在国际市场上所处的地位。

【澳大利亚经济】

在联邦成立前，每个州首先都建有自己的铁路系统，各个系统各不相同，人们正在研究如何将铁路系统标准化。铁路线长达9458千米，大部分为联邦政府和州政府所有，并负责运营。大多数公共铁路集中在沿海322千米的地方并由大的海港城市向四周辐射。

贸易条件的改善主要反映为出口价格的上升，从2003—2004年度开始，澳大利亚贸易条件呈明显的上升趋势。澳大利亚出口价格年均增长率为10%，而进口价格年均增长率为2%。2008—2009年度，由于澳大利亚出口价格上升高于进口价格的增加，澳大利亚贸易条件同比上一年度增长约7.5%，成为继20世纪50年代以来的最高水平。

从实际来看，尽管许多自然资源和能源出口价格有了增长，但从总体来看这也部分被金属平均价格的下降抵消。此外，澳元相对美元升值（以澳元价值计算）也减少了大批出口商的收入。

四、对外贸易伙伴国

从地理分布上看，澳大利亚贸易伙伴国发生了很明显的变化。澳大利亚主要贸易地区从英、美和欧洲等国家和地区转向亚洲。英国是澳大利亚历史上最重要的贸易伙伴，曾经有约一半以上的贸易来源于英国，但是随着澳大利亚贸易政策及贸易重点的转移，近年来澳英贸易呈现不断下降的趋势，即使在澳英之间优惠贸易协定还有作用的时候也已然处于下滑状态，英国加入欧洲共同市场之后更加严重。当前两国的出、进口贸易只占澳大利亚出口的4.5%，进口的4.9%。

近年来，澳大利亚对东南亚新兴工业化国家及发展中国家的出口增幅尤为明显。对亚洲出口占澳出口总量的比例由1988—1989年度的53.6%上升至2008—2009年度的68.7%（同期对欧洲出口比例从19%下降至12.9%，对北美出口比例变动由11.9%下降至8.6%）。尤其是日本、中国、韩国及新加坡、中国台湾地区已日益成为澳大利亚主要的出口市场，约占2008—2009年澳大利亚出口总量的48.4%。2008—2009年度，澳大利亚最大的出口市场是日本（550.05亿澳元，约占澳出口总量的19.3%），其次是中国（444.41亿澳元，15.6%），两国出口量合计占澳大利亚出口总量的1/3以上，前5大出口国出口合计约一半，前10大出口国出口量占澳出口总量的2/3以上。

【澳大利亚经济】

尽管近年来铁路乘客在减少，但对于一个广袤的大陆来说，铁路运输依然非常重要。1950年引进柴油发电机火车取代蒸汽火车。五个主要的铁路运营机构分别是澳大利亚国家铁路委员会，维多利亚州运输局，西澳大利亚州政府铁路处，新南威尔士州铁路局和昆士兰州铁路公司。

澳大利亚从亚洲的进口占澳大利亚进口总量的比例由1988—1989年度的38.5%上升至2008—2009年度的49.4%,而2008—2009年度对欧洲、北美的同一比例分别为23.0%和15.8%。2008—2009年度,澳大利亚最大的进口来源国是中国(385.67亿澳元,占澳进口总量的13.8%),其次是美国(356.38亿澳元,占总进口的比例为12.8%),再其次是日本和新加坡。前两大进口国约占澳大利亚进口总量的27%左右,前五大进口国约占进口总量的46%,而前十大进口国提供约2/3的进口。

截至2008—2009年度,中国成为澳大利亚最大的贸易伙伴国,两国贸易额同比上年增长了29.8%,过去5年的平均增长率约为22.8%。近年来,日本也一直是澳大利亚的主要贸易伙伴国之一,近5年平均增长率约为11.4%。

[中国]进入21世纪以来,中澳两国双边经贸关系发展步伐加快,两国间贸易联系的重要性增强。

从贸易地位上看，澳大利亚2008—2009年度前10位双边贸易伙伴国中有6个是亚洲国家，约占澳大利亚总贸易的44.9%。从双边贸易总量来说，中国已然成为澳大利亚最大的贸易伙伴国，约占澳大利亚对外贸易总量的14.7%，而20年前的中国尚未进入澳大利亚贸易伙伴国前十位。截至2008—2009年度，中国是澳大利亚最大的进口来源国，约占澳大

【澳大利亚经济】

　　昆士兰州铁路公司是最大的运营系统，1986年在布里斯班-凯恩斯线上引进了豪华列车；澳大利亚国家铁路委员会负责运营南澳大利亚州和塔斯马尼亚的铁路线，在印度洋—太平洋、陆路铁路、艾利丝和泛澳大利亚线上声誉卓著，泛澳大利亚线号称世界最长直道铁路线（563千米）。

利亚进口总量的13.8%；同时中国是澳大利亚第二大出口市场，约占澳大利亚出口总量的15.6%。2006—2009年，中澳双边贸易总额从547.41亿澳元上升至830.08亿澳元，平均年增长率为22.8%。其中，澳大利亚对中国出口额从2006年的264.22亿澳元上升到2009年的444.41亿澳元；而澳大利亚从中国的进口额也从2006年的283.19亿澳元上升到2009年的385.67亿澳元。

【澳大利亚经济】

按照国际标准，澳大利亚公路由于距离太远而密度很低。有坚固表面的公路中只有一小部分是超过两个以上车道的，高速公路也很少。公路总长约811603千米，其中1／3是铺设完成的，包括16000千米的州际公路。228396千米的公路是沙砾、石子或土路面；365726千米的公路则是属于未加改善的土路。

从贸易商品结构来看，澳大利亚对中国出口的产品主要是原料和初级产品，如矿产品，人造钢玉、氧化铝、氢氧化铝，金属及其制品，羊毛、棉花等纺织原料，生(羊、牛、马)皮，谷物等。而澳大利亚从中国进口的产品主要为机械器具，电机、电气、音像设备，服装、针织物品，家具，游戏用品，原油，塑料，箱包，轮胎等。当然，随着中澳两国各自经济实力的增强以及双边贸易关系的加深，澳中两国双边贸易不仅在数量上，而且在技术层次上也有所提高。澳大利亚对中国来说，再也不只是食品和工业原料的来源地，澳大利亚已日益成为尖端与技术先进产品的供应者。此外，澳中两国的商业来往不只局限于货物贸易，服务贸易也在不断发展。澳大利亚向中国提供的金融、运输以及教育等方面的服务日益增多，进入中国的保险业市场对澳大利亚利益也十分重要。

澳大利亚主要城市之间有费用较低的公交服务，每1000人约注册有601辆汽车。在北部地区，公路运输在夏季雨季一般会停止。但政府已投资25亿澳元给各州和北部地区进行一项为期5年的公路运输计划及一项200周年公路发展计划，该项目被认为是澳大利亚历史上和平时期最大的建设项目。卡车占国内货物运输的75％。规范卡车运行是州政府的权力，联邦运输咨询委员会负责政策协调工作。没有统一的最大质量或高度的限制，一些州为防止桥梁受损禁止卡车通过。货车行驰的速度在48千米／小时(昆士兰州)到97千米／小时(南澳大利亚州)不等。澳大利亚公路运输可以说是一个传奇,一列长长的卡车或货车,由一个车头牵引着,急驰在绵延的公路上,一次可以承载1000只羊或几百头牛。

[日本]澳日贸易自20世纪60—70年代就以较快的速度发展,70—80年代的增长速度更是其他任何国家都无法相比的。随着战后日本经济的迅速恢复与增长,日本大量购买澳大利亚的原料与食品,包括羊毛、煤炭、铁矿石、铝土、铜、糖及肉类。60年代中期以后,澳大利亚铁和非铁金属矿藏的大量发现与开采,使得矿产品又一度成为澳大利亚主要出口商品,并且大量销往日本。但是,由于近年日本经济的饱和及发展减慢对两国贸易关系的改变也有一定作用,最为显著的是日本对澳大利亚矿产品需求下降(包括对原材料及中间产品的需求)。中国、印度等发展中国家的经济增长,对日澳之间的贸易会造成轻微影响,但日本仍是澳大利亚最主要的贸易伙伴国之一。2008年,日本约

【澳大利亚经济】

澳大利亚航空技术领先世界。定期航线综合网络不仅连接着主要的大城市,偏远地区也有涉及。每年,国内航线旅客数量接近1800万人次。因为大城市之间距离遥远,也因为其适合飞行的气候条件,澳大利亚人更热衷于乘飞机旅行。每一个州的首府以及凯恩斯和汤斯维尔都建有国际机场。

进口澳大利亚38%的青铜,21.5%的铁矿石,43%的煤炭。而从2009年数据来看,日本仍是澳大利亚最大的出口市场,出口额约占澳大利亚出口总贸易额的19.3%,同比上年增加了46.7%。日本对澳大利亚贸易发展仍然起着举足轻重的作用。

[美国]战后,美国凭借强大的经济实力进入澳洲市场。20世纪中后期澳大利亚对外贸易中心转向亚太地区,但从澳美近年关系发展来看,美国对澳大利亚经济发展依旧重要,两国间贸易仍然频繁。20世纪末,澳大利亚进口约1/5以上的产品来自美国,但对美国的出口并不多,仅占澳大利亚出口总额的8.77%。到2008—2009年度,澳大利亚从美国进口产品约占进口总额的13%,澳大利亚向美国出口的比重约为澳大利亚出口总额的6%左右,可见澳美进出口贸易存在一定的不对称。在产品构成上,澳大利亚多向美国出口农矿产品,如羊毛、糖、黄油、烟草、新鲜冷冻肉类、煤炭、铝矿、石油产品、原油和有色金属等;从美国进口飞机零部件、机械设备、电子设备、运输设备和精密仪器等。澳美两国都是世界农产品的主要出口国,彼此存在一定的竞争。近年来,由于美国对来自澳大利亚的羊毛、肉奶制品、铅、锌等产品的保护壁垒加强,澳美之间摩擦不断。截至2009年,两国间贸易总额达530.79亿澳元,美国不仅是澳大利亚第三大双边贸易伙伴国,也是澳大利亚第四大出口市场,并且是澳大利亚第二大进口来源地。